Couverture inférieure manquante

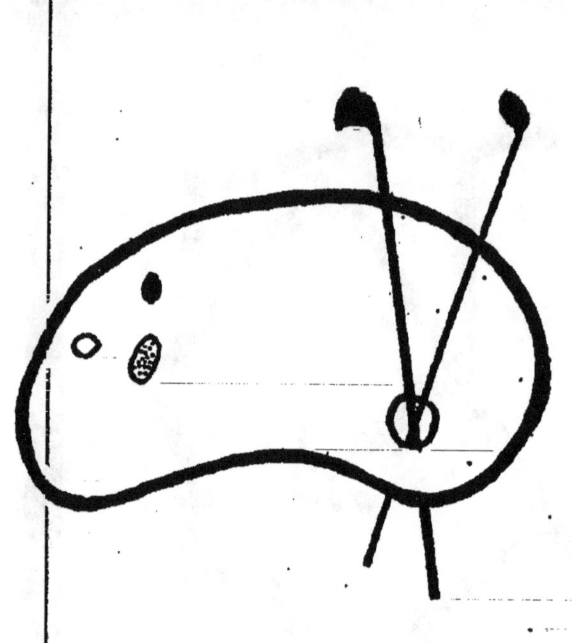
DEBUT D'UNE SERIE DE DOCUMENTS
EN COULEUR

LE CATHOLICISME

ET LA

RELIGION DE L'ESPRIT

A PROPOS DU LIVRE DE M. SABATIER

ayant pour titre

Esquisse d'une philosophie de la religion
d'après la psychologie et l'histoire

PAR

George L.-FONSEGRIVE

PARIS

LIBRAIRIE BLOUD ET BARRAL

4, RUE MADAME ET RUE DE RENNES, 59

1900

SCIENCE ET RELIGION

Études pour le temps présent. — Prix : 0 fr. 60 le vol.

— **Certitudes scientifiques et certitudes philosophiques**, par le R. P. DE LA BARRE, S. J., prof. à l'Institut catholique de Paris. 1 vol.
— *Du même auteur :* **L'Ordre de la nature et le Miracle.** 1 vol.
— **L'Ame de l'homme**, par J. GUIBERT, supérieur du séminaire de l'Institut catholique de Paris. 1 vol.
— **Faut-il une religion ?** par l'abbé GUYOT. 1 vol.
— *Du même auteur :* **Pourquoi y a-t-il des hommes qui ne professent aucune religion ?** 1 vol.
— **Nécessité scientifique de l'existence de Dieu**, par P. COURBET. 1 vol.
— *Du même auteur :* **Jésus-Christ est Dieu.** 1 vol.
   id.   **Convenance scientifique de l'Incarnation.** 1 vol.
— **Etudes sur la pluralité des mondes habités et le dogme de l'Incarnation**, par le R. P. ORTOLAN
  I. — *L'Epanouissement de la vie organique à travers les plaines de l'infini.* 1 vol.
  II. — *Soleils et terres célestes.* 1 vol.
  III. — *Les Humanités astrales et l'Incarnation.* 1 vol.
— *Du même auteur :* **La Fausse Science contemporaine et les Mystères d'Outre-tombe.** 1 vol.
   id.   **Vie et Matière ou Matérialisme et spiritualisme en présence de la Cristallogénie.** 1 vol.
   id.   **Matérialistes et Musiciens.** 1 vol.
— **L'Au-delà ou la Vie future d'après la foi et la science**, par l'abbé J. LAXENAIRE. 1 vol.
— **Le Mystère de l'Eucharistie. — Aperçu scientifique**, par l'abbé CONSTANT. 1 vol.
— *Du même auteur :* **Le Mal,** sa nature, son origine, sa réparation. 1 vol.
— **L'Eglise catholique et les Protestants**, par G. RONAIN. 1 vol.
— *Du même auteur :* **L'Inquisition,** son rôle religieux, politique et social. 1 vol.
— **Mahomet et son œuvre**, par I. L. GONDAL, professeur d'apologétique et d'histoire au séminaire Saint-Sulpice. 1 vol.
— *Du même auteur :* **L'Eglise Russe.** 1 vol.
— **Christianisme et Bouddhisme** (*Etudes orientales*), par l'abbé THOMAS, vicaire général de Verdun. 2 vol.
— *Du même auteur :* **Dieu auteur de la vie.** 1 vol.
   id.   **La Fin du monde d'après la Foi.** 1 vol.
— **Où en est l'hypnotisme**, son histoire, sa nature et ses dangers, par A. JEANNIARD DU DOT, auteur du *Spiritisme dévoilé.* 1 vol.
— *Du même auteur :* **Où en est le Spiritisme.** 1 vol.
   id.   **L'Hypnotisme et la science catholique.** 1 vol.
   id.   **L'Hypnotisme transcendant en face de la philosophie chrétienne.** 1 vol.

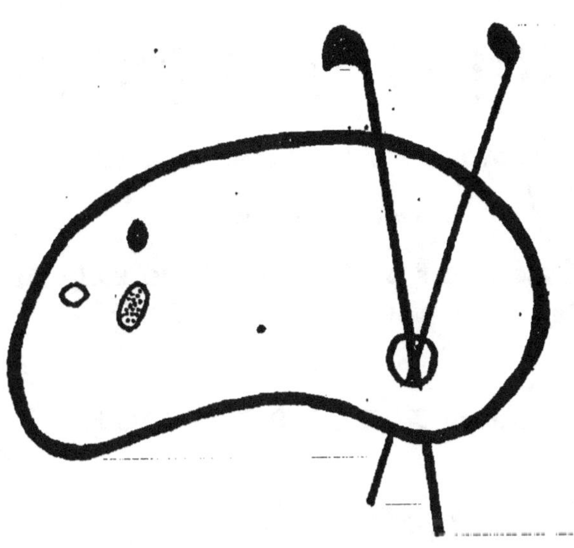
FIN D'UNE SÉRIE DE DOCUMENTS
EN COULEUR

LE CATHOLICISME

ET LA

RELIGION DE L'ESPRIT

A PROPOS DU LIVRE DE M. SABATIER

ayant pour titre

Esquisse d'une philosophie de la religion
d'après la psychologie et l'histoire

PAR

George L.-FONSEGRIVE

PARIS
LIBRAIRIE BLOUD ET BARRAL
4, RUE MADAME ET RUE DE RENNES, 59
1900

LE CATHOLICISME

LA RELIGION DE L'ESPRIT

Un des reproches que l'on fait le plus souvent au catholicisme et parfois au nom de la religion même, consiste à soutenir que la vie intérieure du catholique soumise de toutes parts à la compression par l'inflexible rigueur du dogme, par le poids de la discipline infaillibiliste, non moins que par la multitude des rites et la puérilité des pratiques, ne peut que s'atrophier et finalement arriver à s'anéantir. D'autre part, il y a dans le catholicisme même des esprits inquiets qui trouvent lourdes les disciplines, qui ne savent pas découvrir le sens intérieur des rites et des pratiques et, bien qu'ils ne sentent pas toujours leur propre pensée gênée par le dogme, s'imaginent que celle de quelques autres peut l'être et finissent par se persuader parfois qu'ils ne peuvent respirer à l'aise dans l'atmosphère de leur Église. Quelques défections se sont produites ces derniers temps dont une au moins fut assez bruyante. Quelques-uns des défaillants sont allés purement et simplement à la libre pensée, à un vague spiritualisme ; d'autres se sont arrêtés à mi-chemin, ils ont cru pouvoir trouver dans le protestantisme l'abri qui convient à leurs aspirations religieuses.

C'est surtout parmi des prêtres que se sont opérées ces conversions à rebours. Ceux qui ont voulu aller au protestantisme ont trouvé aux environs de Paris une retraite ouverte à leur apostasie par une munificence zélée. Ils ont reçu grand accueil parmi les pasteurs et plusieurs sont devenus pasteurs eux-mêmes. On les a signalés au nombre de dix, six à Paris, quatre à Montauban, comme auditeurs des Facultés protestantes de théologie. Ils ont fondé un journal qu'ils appellent le *Chrétien français*. Des protestants et non des moins qualifiés ont même, dit-on, prêté leur plume pour écrire aux évêques les lettres de rupture de quelques-uns.

Tout cela est douloureux mais n'est pas bien grave, encore moins inquiétant. L'Église, aux temps de la Réforme et du jansénisme, pour ne pas remonter jusqu'à l'arianisme, a subi d'autres défections et autrement importantes par leur nombre et par leur valeur. Il y a cependant là un symptôme, la marque d'un état d'esprit qui mérite l'analyse et l'attention. Je voudrais ici tâcher d'en découvrir quelques causes, en signaler les plus importantes manifestations et en discuter les motifs.

I

LE SYSTÈME RELIGIEUX DE M. SABATIER

M. Auguste Sabatier, doyen de la faculté de théologie protestante de Paris, a publié dans les premiers mois de 1896 un livre auquel il a donné pour titre : *Esquisse d'une philosophie de la religion d'après la psychologie et l'histoire* (1). On a fait grand accueil à ce volume. Un de ces inquiets du catholicisme dont je parlais tout à l'heure a dit, alors qu'il n'avait pas encore tout à fait rompu avec l'Eglise, que c'était « le plus beau livre religieux que l'on eût écrit depuis la *Vie de Jésus* par Ernest Renan. » Parmi les protestants il a excité à côté de quelques critiques (2)

1. In-8°, FISCHBACHER.
2. Parmi ces critiques il n'est que juste de citer celle de M. H. Bois, dans une suite d'articles publiés par la *Revue de Théologie* de Montauban (Janvier, mai, juillet, septembre, décembre, 1897). Dans ces articles le talent littéraire de M. Sabatier est beaucoup loué, mais on lui reproche de le faire servir plutôt à embrouiller qu'à éclaicir les questions, on met par des citations piquantes l'auteur de l'*Esquisse* en contradiction flagrante avec les plus solennelles de ses anciennes déclarations, alors qu'il briguait une chaire de théologie. On montre par une foule d'excellentes raisons que M. Sabatier ne professe plus qu'une religion naturelle fort éloignée du véritable christianisme, on avoue que Mgr Mignot, par exemple, tout évêque catholique qu'il puisse être, demeure un disciple bien plus authentique de Jésus que le doyen de la Faculté de théologie protestante de Paris, et enfin, constatant les nombreux emprunts faits par M. Sabatier aux écrivains allemands en particulier, on se refuse à voir en lui un penseur original et un chef d'école. Les professeurs de Montauban ne sauraient admettre qu'il y ait une école de Paris. — A Genève, le livre de M. Sabatier n'a pas été moins vivement critiqué et vers la fin de décembre 1897, M. le pasteur Frommel a donné au temple de Pentémont, rue de Grenelle, et dans un cercle d'étudiants protestants une série de conférences ayant pour but de ruiner les théories de l'*Esquisse*. — De tout cela il nous sera permis de retenir ce fait évident que M. Sabatier, au moment où il prétend établir l'accord du protestantisme avec la « culture moderne » et l'irrémédiable divorce entre le catholicisme et cette même « culture » est si-

une explosion d'enthousiasme et les catholiques en ont parlé avec des critiques et des réserves sans doute, mais sans lui marchander les éloges ni même l'admiration. Plus récemment M. Sabatier a publié une conférence qu'il a donnée le 2 septembre 1897 au congrès des sciences religieuses de Stockholm (1), il y renouvelle les conclusions de son livre. Nous nous proposons ici d'en résumer le contenu et d'en examiner la valeur. Nous verrons si vraiment nous n'avons, comme il le soutient, d'autre moyen de concilier en nous la moralité et la piété, la religion et la culture moderne, de vivre en un mot de la vie complète et harmonieuse de l'esprit, que d'abandonner le catholicisme et de nous ranger au protestantisme subjectif.

Selon M. Sabatier la religion naît en l'homme du sentiment du péché. Le péché c'est la contradiction intime que chaque homme porte en soi et non pas seulement la contradiction entre la chair et l'esprit, entre les passions et la raison, mais la contradiction, bien autrement dramatique et profonde à ses yeux, entre la volonté du moi qui voudrait se développer et dominer l'univers et le poids de l'univers qui retombe sur le moi et l'écrase : « Jaillissant du centre le flot de vie « vient fatalement se briser, comme une vague « impuissante, à l'écueil des choses extérieures. « Ce choc perpétuel, cette lutte du moi et du

gnalé par bon nombre de protestants, et non des moins qualifiés, comme infidèle aux doctrines les plus essentielles du christianisme, en sorte que cet écrivain, que ses titres semblaient désigner pour parler au nom du protestantisme, est désavoué par ceux-là même qu'il prétendait défendre et représenter.

1. *La religion et la culture moderne*, In-8°, FISCHBACHER.

« monde, c'est la cause première et l'origine de
« toute douleur (1). » C'est de ce choc que naît
la conscience, conscience de la douleur, conscience du mal originel et radical, témoignage du
péché. Le mal en l'homme n'est donc pas la conséquence d'une libre faute commise dès l'origine.
Il résulte de la nature même de l'homme.

C'est de la conscience de ce mal que va naître
la religion. Car, opprimés et misérables, nous
implorons une miséricorde en jetant la plainte
de notre infortune. Nous sentons qu'il doit y
avoir une aide secourable qui peut nous guérir
de notre misère. Nous l'appelons de nos vœux et
c'est ainsi par la prière du cœur que se constitue
la religion. « La prière, en jaillissant de notre
« état de misère et d'oppression, nous en délivre.
« Il y a en elle de la soumission et de la foi. La
« soumission nous fait reconnaître et accepter
« notre dépendance, la foi transforme cette dé-
« pendance en liberté... La religion est donc un
« acte libre autant qu'un sentiment de dépen-
« dance (2). »

Ainsi dans l'excès même de sa misère l'homme
trouve Dieu. Il parle à Dieu et Dieu lui répond.
Cette réponse divine constitue la révélation psychologique, la seule qu'admette M. Sabatier.
Dieu se révèle aux consciences : aux plus hautes,
il se révèle de plus près. Il y a eu vraiment des
consciences qui, par leur élévation, par leur inti-
mité avec Dieu, ont mérité par excellence d'être
appelées inspirées. Il y a eu des hommes qui, en
exprimant au dehors leurs propres états religieux,

1. Page 15.
2. Page 25.

ont vraiment été des révélateurs, des prophètes
de la vérité. La collection de leurs témoignages
constitue les Bibles de l'Humanité. Si l'on veut
cependant découvrir avant le christianisme les
plus hautes et pieuses manifestatious de la conscience religieuse c'est d ns la Bible hébraïque
qu'on les trouvera. Elles annoncent l'Evangile.
Dans l'Evangile ce n'est presque plus une conscience particulière qui s'exprime, c'est la conscience religieuse même. Jésus, par la conscience
presque adéquate qu'il a du divin, mérite le nom
de Fils de Dieu La plénitude, la pureté de sa
conscience religieuse ravissent l'âme au point
qu'elle se demande quel il pouvait être, celui qui
parlait ainsi. Quel qu'il puisse être — et M. Sabatier sur ce point délicat s'abstient de préciser
sa pensée (1), — il a révélé l'essence pure de la
religion, il a enseigné à prier en esprit et en vérité.

1. « J'ignore d'où il vient et comment il est entré dans
le monde », p. 192. — Autrefois, quand il était can-
didat à la chaire dogmatique de Strasbourg, M. Sabatier écrivait — c'est M. H. Bois qui nous le rappelle
— dans un manifeste aux Consistoires (6 mai 1868) :
« Entre toutes les questions agitées parmi nous, la
« plus grave, la question vraiment décisive est celle qui
« concerne la personne de Jésus-Christ. C'est ici le vrai
« point de séparation entre l'Evangile et ce qui n'est
« pas lui.
« Jésus n'est-il qu'un homme ? alors, quelque grand
« qu'on le fasse, le Christianisme perd son caractère
« d'absolue vérité, et devient une philosophie. Si Jésus
« est le Fils de Dieu, le Christianisme reste une révé-
« lation.
« Sur ce point capital, après de longues recherches et
« de sérieuses réflexions, je me suis rangé du côté des
« apôtres. Je crois et je confesse, avec saint Pierre, que
« Jésus est le *Christ, le Fils du Dieu vivant.* » (*Revue de
Théologie et des questions religieuses. — 1er mai 1897,
p. 240).

En quoi donc consiste essentiellement le Christianisme ? En ceci que l'homme, instruit par Jésus, a dans sa concience, dans l'acte de sa prière et de sa piété la révélation intime de sa relation directe et filiale avec Dieu, de sa relation fraternelle avec tous les autres hommes.

Ce principe chrétien a pu s'altérer dans l'histoire et il s'est altéré de deux façons : tantôt on a intercalé entre Dieu et l'homme, entre le Père et le Fils une hiérarchie d'êtres destinés à combler l'intervalle et l'on a dévié vers l'idolâtrie et le paganisme ou on a cherché dans les pompes du culte de quoi exciter artificiellement la piété et ceci encore est sensuel et païen ; tantôt on a attribué à des œuvres extérieures, à des formules, à des prières, à des mortifications, à des pratiques une vertu religieuse et alors on est revenu au pharisaïsme juif. Si le protestantisme dit « orthodoxe » a su éviter la plupart de ces écueils où a achoppé le catholicisme, il accorde cependant encore une trop grande valeur aux formules dogmatiques. Pour être vraiment chrétien il faut rejeter tout ce qui veut s'interposer entre la conscience et Dieu, entre notre Père et nous, regarder comme contingent, accessoire, et même comme nuisible tout ce qui n'est pas le pur colloque de l'âme avec le Père céleste. Les formules historiques, les traditions, tout cela a eu sa valeur, tout cela est respectable, mais ce sont là les expériences d'une vie qui fut, et par conséquent n'est plus ; or, nous avons à vivre nous-mêmes : par respect pour les formes de la vie passée il ne nous faut pas oublier de vivre.

Voici en conséquence comment M. Sabatier décrit les progrès concentriques de sa conscience.

Religieux parce qu'il est homme et se sent pécheur,
il est chrétien parce qu'il trouve dans le Christianisme la religion absolue et définitive ; chrétien,
il est protestant, parce que le protestantisme a
seul conservé la pure essence du Christianisme ;
protestant enfin il ne saurait adhérer à l'orthodoxie, car le Christianisme exige qu'il maintienne
l'indépendance de sa conscience et de sa vie religieuse. Fidèle à son point de vue, il fait ce qu'eus-
sent fait les prophètes s'ils avaient eu une psychologie moins sommaire, il raconte l'histoire de son
âme, ses personnelles inspirations. De là l'intérêt
très vif que son livre a soulevé, l'harmonie in-
discutable entre la forme d'une confession personnelle donnée à l'ouvrage entier et le subjectivisme religieux qui en constitue le fond. L'auteur assure dans la Préface qu'il n'a voulu, à
l'exemple de Descartes dans le *Discours de la
méthode* (1), que se raconter lui-même. Et par là
il a évité l'écueil, où tant d'autres théologiens
libéraux se sont heurtés, de traduire en des formes
impersonnelles et impertinemment autoritaires des
pensées théologiques qui ne pouvaient être que
personnelles, qui étaient moins des systèmes
théologiques que des récits d'états de conscience.
M. Sabatier a pris le parti contraire, il s'est personnellement exprimé partout et il a ainsi inau-
guré la seule forme qui puisse convenir au libé-
ralisme religieux. C'est une des causes du succès
de son ouvrage.

Cependant M. Sabatier est loin de nier la nécessité du dogme. Il y insiste au contraire et il
est le premier à dire :

1. Page 111.

« On appelle dogme, au sens strict, une ou plusieurs
propositions doctrinales qui sont devenues, dans une
société religieuse, par l'effet des décisions de l'autorité
compétente, objet de la foi et règle des croyances et
des mœurs.

« Il ne suffirait pas de dire que la société religieuse
a des dogmes, comme la société politique a des lois.
C'est, pour la première, une nécessité bien plus grande.
Les sociétés morales n'ont pas seulement besoin de se
gouverner ; elles ont encore besoin de se définir et de
s'expliquer leur raison d'être. Or, elles ne peuvent le
faire que dans leur dogme.

« Le dogme est donc un phénomène de la vie sociale.
On ne peut concevoir ni le dogme sans une Eglise, ni
une Eglise sans dogme. Les deux notions sont corré-
latives et restent inséparables (1). »

Tel est le début du chapitre consacré au dogme.
Et à la fin du même chapitre l'auteur conclut :

« Les Eglises auront toujours des symboles, c'est-à-
dire des règles et des signes d'une foi commune, et, par
suite elles auront des dogmes. Mais ces dogmes, au
lieu d'avoir une valeur absolue, n'auront plus qu'une
valeur disciplinaire et pédagogique... On appellera
dogme, au sens protestant, le type doctrinal générale-
ment reçu dans une Eglise, et exprimé d'une manière
publique, dans l'ensemble de sa liturgie, de ses caté-
chismes, de son enseignement spécial et, plus particu-
lièrement, dans ses confessions de foi... (2). Une Eglise
sans dogmes serait une plante stérile... (3). Mais l'autorité pédagogique de l'Eglise n'est ni absolue ni éter-
nelle ; elle a une double limite dans la nature de l'âme
de l'enfant qu'elle doit respecter, et dans le but qu'elle
veut atteindre qui est de faire des hommes libres, des
chrétiens adultes, des fils de Dieu à l'image du Christ
et en relations immédiates, avec le Père... (4). La foi

1. Page 263.
2. P. 291, 292.
3. P. 294.
4. P. 295.

religieuse est un phénomène de conscience. Elle a Dieu lui-même pour auteur et pour cause... (1). »

La conscience religieuse vivante ne peut être ni immobilisée ni fixée pour jamais. Elle est en évolution constante et dans chaque âme et dans l'Eglise. « C'est donc à cette idée d'un dogme « nécessaire, mais nécessairement historique et « changeant, qu'il convient de nous habituer dé- « sormais (2). »

D'où il suit à l'évidence que M. Sabatier, professeur de dogme à la Faculté de théologie protestante de Paris, reconnaît la nécessité du dogme et en même temps professe que le dogme n'a qu'une valeur historique et pédagogique ; il nous apprend ce qu'ont cru nos pères, il fournit à notre foi un point de départ, mais qui ne saurait à aucun titre jouir d'une autorité qui oblige nôtre conscience religieuse individuelle à se conformer à lui.

Nous aurons plus loin à examiner la solidité de la position adoptée par M. Sabatier. Contentons-nous ici de nous expliquer sa pensée. Ce qui a conduit M. Sabatier à ses conclusions, c'est l'opposition qu'il a cru apercevoir entre le dogme, tel qu'il est entendu par le catholicisme, tel que lui-même, avec tout le monde, le définissait au début de son chapitre, et la vie religieuse, la re-ligion, telle qu'il la conçoit. Le dogme catholique immuable, défini par l'autorité de l'Eglise, lui paraît s'imposer de l'extérieur à la conscience des fidèles, créer dans l'âme une hétéronomie destructrice de la religion et constituer un intermédiaire inutile et même nuisible entre l'âme et Dieu, qui,

1. P. 293.
2. P. 295.

à la fois, semble forcer à croire et dans le fond
dispense de croire.

« On a donc justement nommé la foi catholique, en ce
qui concerne les doctrines, un blanc-seing donné par le
fidèle à la hiérarchie. Ce que je dois croire, je l'ignore
moi-même ; mais mon curé, mon évêque et le pape, le
savent pour moi. Cela suffit. Malheureusement, le caractère d'un blanc-seing, c'est d'être une page blanche.
Cette manière de croire ressemble dès lors beaucoup à
l'*absence* même d'une foi personnelle. C'est une façon
de proclamer que le fond de la doctrine est indifférent
à la vie religieuse. La théorie qui élève à l'absolu et
divinise ainsi les dogmes n'arrive à les mettre hors
de la pensée, qu'en les mettant hors de la conscience (1). »

Ce « régime militaire en sa simplicité touchante et
parfois héroïque » (2), a un autre et non moins grave
inconvénient. « Il est bien évident qu'une doctrine im-
posée ainsi du dehors par l'autorité sacerdotale, entrera
nécessairement en conflit avec le développement organique de la science et de la culture libre de l'esprit. Il
ne saurait y avoir ni contact ni fusion entre les données
surnaturelles du dogme et les acquisitions progressives
de la raison naturelle, puisqu'il n'y a identité ni de
principe, ni de méthode ni de contrôle. Les idées catholiques et les idées modernes resteront extérieures les
unes aux autres. Cette juxtaposition dogmatique se
transformera bien vite en antagonisme flagrant ; car le
dogme de l'Église requiert encore autre chose que le
sentiment religieux pur. Dans la formule qui l'a consti-
tué, il y a un millier d'années, sont entrés des éléments
de la science de l'époque. Les Pères de l'Église et les
docteurs du Moyen Age l'ont construit nécessairement
avec la cosmologie, la physique, la médecine, l'histoire,
la jurisprudence et la morale de leur temps. En revê-
tant d'une autorité divine cette science rudimentaire du
passé, vous en opposez les erreurs aux conquêtes d'une
science plus vaste et plus sûre, et le conflit éclate inévi-

1. Page 283.
2. *Ibid.*

tablement... Copernic ne peut faire une nouvelle hypo-
thèse sur le monde sans ébranler la théologie de saint
Thomas. Galilée ne peut établir que la terre tourne sans
avoir affaire au tribunal de l'Inquisition romaine ; et
Darwin, ouvrir sur la nature des perspectives nouvelles,
sans qu'on l'accuse de renier la foi (1). »

En opposition avec la dogmatique catholique,
avec l'orthodoxie protestante, que pourra donc
être la dogmatique de M. Sabatier, telle qu'il se
propose de la formuler en un volume ultérieur ?
On est en droit de supposer que ses formes extérieures ne différeront guère de celles des autres.
Ne nous dit-il pas ici que la fonction ecclésiastique de l'enseignement du dogme est une fonction
pédagogique et n'est-il pas dès lors nécessaire de
donner au dogme une formule simple et précise ?
Et puisqu'on s'adresse aux enfants, — et par enfants, il faut assurément entendre toutes les âmes
qui n'ont ni le temps, ni l'intelligence de se faire
à elles-mêmes leur foi — il faut bien lier les
dogmes les uns aux autres par des liens plus ou
moins impersonnels, toujours un peu différents
des raisons personnelles et ineffables par lesquelles ils sont liés dans la conscience religieuse
de l'enseignant. Ce dernier sera ainsi amené
insensiblement à exposer devant les enfants et
les simples des dogmes qui peut-être sont bien
loin de sa propre conception. Qu'importe s'ils ont
été vraiment vécus à une date quelconque de
l'évolution historique, en rapport avec le développement des âmes auxquelles à présent on les
enseigne ? A vrai dire, en faisant abstraction, pour
enseigner, du prosélytisme que pourrait lui imposer sa propre foi, le catéchiste fait œuvre non

1. Page 281.

de duplicité mais de pure abnégation. Ces formules qui, pour lui, sont à cette heure inadéquates, elles sont adéquates aux consciences simples qu'il a prises en charge, elles sont vraies pour elles, puisque c'est par ces formules qu'elles peuvent le mieux communier avec le divin. Il n'y a donc, à les leur redire, alors que soi-même on ne les adopte plus, ni hypocrisie, ni mensonge. Il y a respect pour leur indépendance et leur liberté. — Ainsi raisonnent en Allemagne et en France nombre de pasteurs qui dans leurs écrits contestent, par exemple, la divinité de Jésus et récitent devant leurs ouailles la formule du Symbole que presque tous les fidèles interprètent comme l'expresse reconnaissance de cette même divinité (1).

Par conséquent, ce n'est pas faire la moindre injure à M. Sabatier que de supposer qu'ayant dit en ce volume ce qu'il pensait de la valeur des formules dogmatiques, il serait bien plus à l'aise pour consacrer un second volume à énoncer, en termes impersonnels, les formules de sa croyance et à les enchaîner de façon à constituer un système théologique. Ainsi se concilierait ce que dit M. Sabatier de la nécessité du dogme et l'opinion qu'il professe sur la valeur toute subjective et tout à fait variable des formules dogmatiques.

Car dans le dernier chapitre, M. Sabatier nous dévoile toute sa pensée. Après s'être montré fort préoccupé dans l'avant-dernier de découvrir le moyen de construire une science véritable des

____

1. On peut voir dans l'*Allemagne religieuse* de Georges GOYAU, comment les pasteurs allemands ont, en fait, résolu cette difficulté, Ch. III. In-18, PERRIN.

dogmes également indépendante d'une autorité ecclésiastique absolue et d'une métaphysique purement rationnelle, il pense maintenant avoir trouvé ce moyen dans une théorie critique de la connaissance religieuse. D'une part il faut que la dogmatique soit une science, ou autrement aucune église ne pourrait être constituée ; d'autre part, il est nécessaire que la science des dogmes ne soit pas soumise à l'autorité d'une église qui lui imposerait, comme dans le catholicisme, l'immobilité des formules mortes de la tradition ; et il convient en outre, pour que la dogmatique demeure vraiment religieuse, que ce soit elle qui fonde les métaphysiques, et non pas que ce soit les métaphysiques qui prétendent la juger. Concilier ces diverses exigences paraît tout à fait impossible et l'était, en réalité, avant la philosophie de Kant. Mais, au dire de M. Sabatier, Kant a découvert que l'on pouvait construire une science toute subjective, indépendante par conséquent de toute métaphysique. Chaque science d'ailleurs, coordonnant, selon les lois de la pensée, les matériaux fournis par l'expérience, est aussi bien indépendante de toute espèce d'autorité. Bien que subjective, elle n'en reste pas moins impersonnelle, valable pour tous les esprits. Que faut-il donc pour que la raison puisse constituer une telle science des dogmes, pour qu'elle soit à la fois indépendante et de la métaphysique et d'une autorité extérieure ? Simplement qu'il y ait une sorte d'expérience qui fournisse la matière spéciale de cette science. Or, la conscience religieuse telle que la découvrent la psychologie et l'histoire, fournit en abondance les expériences nécessaires. Les conditions d'une science des dogmes sont donc remplies et cette science peut vraiment se constituer. Ne nous faisons pas d'ailleurs d'illusions sur sa portée. Elle n'atteint pas le transcendant et demeure subjective : nous savons ce que nous éprouvons, ce que nous pensons, nous ne savons pas et ne pouvons pas savoir quels objets répondent à nos pensées ou à notre expérience. Cette connaisance ordonne notre vie autour d'un axe religieux et ainsi a une valeur téléologique, on peut dire que, grâce à elle, nous remplissons notre destinée, c'est-à-dire, au vrai, que nous avons, grâce à elle, une harmonie intérieure de nos sentiments et de nos pensées. Elle est enfin purement symbolique, car elle n'a un sens que pour nous et nous ne savons pas de quelle façon le divin correspond à nos états de conscience, à nos pensées, aux expressions par lesquelles nous les traduisons. « Le « vrai contenu du symbole est tout subjectif... « Lorsque le Psalmiste s'écrie : « L'Eternel est « mon rocher » ou « l'Eternel est un feu dévo- « rant », quand le Christ nous apprend à dire : « Notre Père (1) », ce ne sont là que des symboles qui expriment la manière dont nous sommes religieusement affectés. Et ainsi le dogme est à la fois matière de science, objet de connaissance toujours en voie de transformation, puisqu'il est tiré de l'expérience vivante, toujours purement subjectif et symbolique.

(1) Page 394.

II

RAISONS DU SUCCÈS DU LIVRE DE M. SABATIER

Telles sont les conclusions et l'économie générale du livre de M. Auguste Sabatier. Beaucoup moins original qu'on ne l'a dit, car il n'est pas une seule de ses théories de détail qui ne soit empruntée à quelque penseur (1), il a cependant

(1) Il suffit de lire *l'Allemagne religieuse* déjà citée pour reconnaître au passage un grand nombre des idées que M. Sabatier a faites siennes et le principal de la doctrine est emprunté à l'ouvrage de Kant qui a pour titre : *la Religion dans les limites de la raison.* Ces lignes étaient écrites et avaient même paru dans *la Quinzaine* lorsque la complaisance de M. H. Bois m'a permis de lire sous sa signature (dans la *Revue de Théologie* de Montauban 1897, p. 257) l'appréciation suivante : « Un « ami de M. Sabatier, M. Lobstein, reconnaît — avec « autant d'amabilité pour M. Sabatier que cela lui est « possible — mais enfin il reconnaît que ceux qui sont « au courant des travaux accomplis ces dernières « années en Allemagne dans le domaine de la philoso- « phie de la religion ne trouveront pas chez M. Sabatier « des points de vue vraiment nouveaux. Ce qu'ils y trou- « veront, c'est « une exposition sagace des quest'ons dis- « cutées »; ce qu'ils y trouveront, c'est « la virtuosité « avec laquelle M. Sabatier embrasse les problèmes, « en montre l'importance et indique la direction sui- « vant laquelle on pourra obtenir une solution. » En « laissant de côté toutes les circonlocutions, nous « pouvons résumer l'opinion de M. Lobstein et la nôtre « en disant que l'ouvrage de M. Sabatier est, au point « de vue scientifique, un ouvrage de vulgarisation. » « (*Theologische Literaturzeitung*. Herausgegeben von « Harnack und Schürer. 3 April 1897.)

une originalité réelle qui consiste à avoir assem-
blé toutes ces théories, à les avoir rendues vivantes
et à avoir su les présenter en un langage parfois
éloquent sous la forme d'une sorte de confidence
religieuse à la fois très personnelle et très élevée.
On comprend combien ce livre a dû être goûté
non seulement par les protestants libéraux, mais
encore par ceux des libres penseurs qui ne sont
pas tout à fait tombés aux platitudes du positi-
visme. Aux uns comme autres il a dû apparaître
comme une sorte de révélation. Il permettait aux
premiers de reconnaître un bien-fondé provisoire
aux prétentions orthodoxes, il rassurait les seconds
en leur enseignant que la religion peut être aussi
pure hors de toute église qu'au sein des églises
traditionnelles. Il ne saurait tout à fait déplaire
aux âmes religieuses à cause de son ton général
et de la profondeur de son inspiration ; il satisfait
les incroyants eux-mêmes qui n'ont pas tant en
horreur le sentiment religieux que les obligations
extérieures auxquelles il assujettit. Or, M. Sabatier
dispense de toutes. Il n'est pas jusqu'aux agnos-
tiques qui n'aient pu adhérer à cette philosophie
religieuse. Car le symbolisme subjectif auquel
aboutit M. Sabatier se prête à toute les interpré-
tations, aussi bien à celles qui déclarent ne pouvoir rien dire de Dieu qu'à celles qui pensent
pouvoir lui attribuer quelques qualités et surtout
des qualités morales, ainsi que le fait lui-même
M. Sabatier.

Mais ce livre a surtout dû plaire à ces esprits
inquiets dont je parlais au début qui, encore
engagés au catholicisme, mais déjà plus que
branlants et à peu près détachés, cherchaient à
colorer leur évolution par des motifs religieux.
La critique courtoise et de ton sérieux mais

très aiguë, que fait partout du catholicisme
M. Sabatier, là même où il ne le nomme pas,
leur fournissait ces motifs. La religion, c'est le
colloque direct de l'âme avec Dieu ; en interpo-
sant sans cesse entre l'âme et Dieu l'autorité de
l'Eglise, les pratiques de l'Eglise, le catholicisme, aux yeux de M. Sabatier, doit étouffer la
vie religieuse par un double parasitisme : parasitisme dogmatique, parasitisme pratique. L'Eglise
infaillible et sacerdotale, par les pratiques qu'elle
impose, absorbe la substance de la piété, et par
les dogmes qu'elle oblige à croire, détruit la
substance de la foi. Or, ces âmes inquiètes sont
amoureuses de liberté et de vie. Elles veulent
vivre et redoutent de se laisser atrophier. Impuis-
santes à examiner si vraiment c'est leur expansion vitale, profonde que l'Eglise contrarie ou si
ce n'est pas seulement le désordre de mouvements
capricieux, elles sentent une autorité et ne peuvent la supporter.

Examinons donc si les griefs que l'on invoque
contre le catholicisme sont fondés, si la véritable
vie religieuse est impossible chez nous, si enfin
la dogmatique doit être conçue comme la conçoit
M. Sabatier, comme purement subjective et
toujours en mue, ou bien si elle a une valeur
véritable et peut prétendre à la fixité.

III

L'IDÉAL CATHOLIQUE DE LA MORTIFICATION

Que d'abord l'idéal de la vie tel que le conçoit
le Catholicisme soit aussi élevé qu'aucune doctrine

l'ait jamais conçu, c'est ce qui ne semblera pas douteux pourvu seulement que l'on se souvienne que le but suprême de la religion, selon nos théologiens, est de nous faire participer à la nature même de Dieu, — *divinæ consortes naturæ*, dit saint Pierre, — de nous diviniser et ainsi, par la grâce de Dieu, de faire de nous des dieux. *Vos et dii estis*, dit l'Apôtre. Cette doctrine de la θεοποίησις sur laquelle M. Ermoni rassemblait naguère (1) un nombre imposant de témoignages patristiques, est assez bien établie pour qu'il n'y ait point là-dessus de contradiction. Or, je demande s'il est possible de proposer à l'homme une vie plus haute, plus stable, plus active, que la vie même de Dieu. Ce n'est donc pas par l'idéal qu'il propose que le Catholicisme risque d'atrophier ou d'amoindrir la vie.

Mais il est vrai que cet idéal de vie ne se réalisera que dans la vie d'outre-tombe et que, pour y atteindre, durant cette vie mortelle, le Catholicisme enseigne la doctrine du renoncement et de la mortification. Ne nous enseignerait-il pas par là à sacrifier notre vie présente, certaine, assurée, en vue d'une vie future problématique, à lâcher la proie pour l'ombre ? Et ainsi sous prétexte de nous apprendre la vie ne nous condamnerait-il pas à la mort ?

Ici il faut remarquer d'abord qu'il nous est impossible de satisfaire toutes les tendances de notre vie, tous nos caprices, tous nos désirs. La raison mortifie la dissipation et la dissipation mortifie la raison. Il faut choisir entre l'une ou l'autre. Mais il n'est pas possible de s'abstenir.

____

1. *La déification de l'homme chez les Pères de l'Eglise. Revue du clergé français*, 15 août 1897.

Donc sont mortifiés ceux-là mêmes qui prétendent ne vouloir pas l'être. Nul moraliste sérieux sur ce point ne nous contredira. Tous reconnaissent qu'on doit lutter contre ses passions, que pour obtenir le silence intérieur, condition de la vraie vie, il faut s'abstraire du monde et du bruit des sens, que par conséquent, si l'on veut vivre véritablement, il faut comprimer certains élans de la vie. Et nul parmi nos contemporains n'a mis cette vérité dans tout son jour mieux que ce libre penseur d'Edmund Clay qui fut un si admirable psychologue — si admirable et si difficile à lire. Il a fait voir dans l'*Alternative* (1) comment il fallait choisir : ou faire de soi un homme ou laisser la bête se développer en soi. Or, on ne peut maîtriser la bête et faire vivre l'homme qu'à la condition de souffrir ; ce n'est que sur les âpres sommets du Calvaire que l'on peut cueillir la fleur sublime de l'humanité. Le chemin de la croix est le seul chemin qui conduise à la véritable vie.

M. Sabatier condamne expressément la mortification extérieure. Cependant si la diète peut être ordonnée par le médecin pour alléger les fonctions physiologiques de la digestion, pourquoi le jeûne serait-il interdit à ceux qui y trouvent le moyen nécessaire ou même seulement efficace de l'allégement de leurs fonctions spirituelles ? Et si le médecin peut ordonner les frictions au gant de crin, les douches glacées, les vésicatoires, les pointes de feu, l'âme n'a t-elle pas aussi bien le droit d'infliger au corps des remèdes analogues s'ils sont nécessaires ou même seulement utiles pour réduire le corps à l'obéissance et en faire le

1. In-8°, ALCAN, première édition, 1887.

serviteur docile du vouloir spirituel ? Et qu'est-ce enfin que ce christianisme, cette religion où l'on dit vouloir imiter Jésus et où l'on trouve dans le jeûne, que Jésus pratiqua et recommanda, une forme inférieure et condamnée de la discipline morale ? Vraiment ici le disciple vient faire la leçon au Maître.

Cependant les plus grosses objections sont réservées à la mortification catholique par excellence, à l'humilité de l'esprit en vertu de laquelle le catholique admet docilement sous sa double forme l'intervention de l'Eglise dans l'œuvre de son salut. L'Eglise enseigne et l'Eglise administre les sacrements. Le catholique ne peut se croire sauvé s'il ne croit pas aux dogmes de l'Eglise, s'il ne reçoit pas les sacrements de l'Eglise ; il l'est donc par l'intermédiaire de l'Eglise, il ne communique donc pas directement avec Dieu, il laisse absorber par le parasitisme ecclésiastique et sacerdotal la meilleure part de la sève qui alimente son âme.

Dans l'objection ainsi résumée, il y a deux parts qu'il faut distinguer : l'une est adressée au Catholicisme au nom de la foi chrétienne ; l'autre lui est faite au nom de la science et de la raison. En acceptant l'autorité de l'Eglise, dit le rationaliste, le catholique abdique sa raison devant le dogme, il renonce à la vie scientifique et rationnelle et perd ainsi la raison même et tout le meilleur de son humanité ; et du même coup, ajoute le protestantisme, le catholique renonce à l'activité supérieure de la vie religieuse, il devient à la fois idolâtre et pharisien, il adore l'Eglise ou le Pape et non pas Dieu, il s'abstient de communiquer directement avec le Père céleste et renonce à la foi pour se jeter dans les œuvres.

Bien que liés et confondus dans le livre de M. Sabatier, les deux raisonnements ont une portée différente, il doit être permis de les distinguer.

Et d'abord il faut reconnaître que M. Sabatier, à la suite de bien d'autres, triomphe aisément de certains enseignements, de certaines décisions théologiques, émanant même d'autorités très respectables, mais qui n'ont nullement en partage l'infaillibilité. Qu'une congrégation romaine, en condamnant Galilée, ait condamné en même temps le système de Copernic, c'est un fait qui nous attriste, mais ne nous scandalise pas, car nous voyons, dans la décision romaine, le même abus et la même méconnaissance de la loi de la division du travail qu'avait commis Galilée lui-même en partant de son système scientifique pour juger la Bible et parler de théologie. La théologie a son domaine, la science a le sien. A mesure que le progrès de la réflexion s'opère, des deux côtés les limites qui séparent les deux domaines se précisent et chacun reconnaît la propriété légitime du voisin. Si l'irréligion n'avait pas transformé, dès l'apparition des livres de Darwin, la théorie de l'évolution en attaques contre le dogme, les théologiens auraient été moins sévères pour la théorie. Les théologiens ne doivent pas sans nécessité s'aventurer sur le terrain scientifique, et il leur est presque toujours imprudent de se livrer aux vastes synthèses où quelques-uns se complaisent trop ; mais il faut bien reconnaître aussi que les savants montreraient de la prudence en ne tirant pas de leurs découvertes, ou même de leurs hypothèses, des conclusions d'ordre religieux. L'avantage n'est même pas ordinairement de leur côté, car ils sont souvent plus incompé-

tents encore en théologie que les théologiens dans
les sciences de la nature.

Et, volontiers encore, nous reconnaîtrons que
les théologiens doivent bien démêler dans leur système ce qui est proprement d'ordre dogmatique,
surnaturel et religieux, et ce qui est d'ordre
scientifique, rationnel et philosophique. La théologie, si vénérable soit elle, n'est pas le dogme et
les systèmes théologiques, même enseignés dans
l'Eglise, n'ont pas le privilège d'être infaillibles.
M. Sabatier, là-dessus, a fait d'importantes con-
fusions. Dès lors peu importe que les théologiens
mêlent à l'exposé de leur système des considérations philosophiques, historiques ou cosmolo-
giques, qui peuvent devenir caduques : cela
n'altère en rien l'essence du dogme qui demeure
distinct des systèmes de théologie. Sans doute
nous savons bien que les théologiens, bien qu'enseignant eux-mêmes ces distinctions, ne laissent
pas plus d'une fois d'y être infidèles et de proposer leurs systèmes avec une assurance qui semble
imposer les résultats de leurs raisonnements,
ainsi que des articles de foi. Je ne dis pas que si
on voulait éplucher plus d'un manuel dont on se
sert encore en plus d'un endroit, plus d'une solution donnée par quelque revue spéciale d'esprit
plus ou moins étroit, on n'y trouverait pas condamnée comme « téméraire, erronée, dangereuse » ou même comme « hérétique », telle ou
telle proposition qui peut parfaitement s'accorder
avec le dogme, que ceux qui la condamnent
n'ont pas même toujours comprise, quelquefois
faute de savoir. Qu'il y ait un esprit théologique
d'ordre inférieur qui, de plus en plus sous l'action des Instituts catholiques, de la rénovation des
études dans les séminaires, tend à disparaître;

mais dont on découvre encore çà et là des traces et qui consiste à penser que de ce que la théologie est la première des sciences, elle dispense de toutes les autres et donne le droit de juger de tout, de trancher sur tout, c'est ce que je ne voudrais pas tout à fait nier. Ces théologiens fossiles — fossiles puisqu'aussi bien ils appartiennent à une espèce à peu près complètement disparue — pensent pouvoir condamner *a priori* et sans examen, tout simplement parce qu'elles contrarient leur petit système, toutes les découvertes exégétiques ou historiques qui ne cadrent pas avec leur enseignement (1). Des définitions conciliaires, des textes de l'Ecriture, ils déduisent un système de conceptions qui paraissent bien liées. Ils n'arrivent pas à se représenter qu'ils ont mêlé à leurs syllogismes plus d'une idée personnelle, et par conséquent qu'avec des idées philosophiques ou scientifiques différentes on pourrait arriver avec les mêmes et immuables principes à de tout autres conclusions.

Il arrive aussi souvent que le théologien n'est pas allé aussi loin. Il s'est contenté de démontrer le bien fondé de son système ou de ses formules. Et ce sont plus d'une fois ses élèves qui transfor-

---

1. Dans un très remarquable article publié sur le livre même de M. Sabatier, Mgr Mignot, évêque de Fréjus, a également noté les exagérations de certains théologiens. « Il n'y a, dit-il en un endroit, que des âmes admirablement candides qui s'imaginent comprendre et faire comprendre la nature de l'inspiration, fût-ce en faisant appel à la scolastique. » — On sait d'ailleurs que les théologiens catholiques n'ont pas toujours été aussi étroits que les théologiens protestants : c'est un synode protestant qui a fait une obligation de croire à l'inspiration des points-voyelles dans la B.ble.

ment d'eux-mêmes cette déduction et voient une déduction nécessaire, la seule possible, là où, dans la pensée du professeur, il n'y avait qu'une déduction juste dont la conclusion, avec les mêmes principes, pourrait varier dès que les circonstances feraient varier les autres prémisses. Mais quoi qu'il en soit, faute de sens historique soit chez les maîtres, soit chez les élèves, il arrive que lorsque ces élèves se trouvent tout à coup transportés du domaine des rigoureuses déductions théologiques aux études approfondies de critique ou d'exégèse, ils subissent un choc qui, pour quelques-uns, est dangereux. Ils quittent l'enseignement de maîtres modestes et non sans valeur, mais pour la plupart sans renom, dont le prestige local s'évanouit par l'éloignement, pour s'asseoir devant la chaire de maîtres hardis et dont la renommée parfois égale la science, si même elle ne la dépasse pas. Le poids de la parole du Maître qui, hier, agissait dans un sens, agit maintenant dans un autre quelquefois tout opposé. Dans un tel grand séminaire de province, on enseignait l'apostolicité d'un grand nombre d'églises des Gaules et il était à peine question et de l'histoire des dogmes et de celle des sacrements, l'exégèse biblique était timide et restreinte. Ici l'on conteste l'apostolicité d'à peu près toutes les églises des Gaules, on discute l'authenticité de plus d'un écrit canonique, on expose l'évolution des dogmes et l'histoire des sacrements. On reste sans doute dans le domaine de la théologie, de l'immutabilité et de l'absolu, mais on fait voir et même on exagère parfois ce qu'il y a eu d'humain dans la propagation de la révélation divine, de muable dans l'immuable, de relatif dans l'absolu.

Et cependant en dehors des instituts catholiques, dans d'autres chaires ou dans d'autres livres tels que celui de M. Sabatier, on professe que tout est muable, relatif et que toute la théologie doit se résoudre en psychologie ou en histoire. Or, ceux qui disent ces choses sont des savants dont nos jeunes étudiants entendent vanter la science et citer les noms et qui furent quelquefois les maîtres de leurs maîtres. — Est il étonnant dès lors que ces jeunes têtes se troublent ? Mais entre la théologie sans nuances qui leur fut enseignée chez eux et cette critique qui fait tout évanouir en nuances, peuvent-ils bien faire le départ ? Habitués dès l'enfance à respecter la parole du maître, à l'approuver sans la critiquer, ballottés entre deux maîtrises, est-il surprenant qu'ils aillent à celle qui est à la fois la plus immédiate et la plus glorieuse ? Une sorte de snobisme scientifique s'empare plus d'une fois des jeunes esprits et il leur suffit qu'une opinion soit proposée par quelque maître en renom — surtout si c'est un protestant ou un laïque — pour qu'ils soient inclinés à la regarder avec faveur. Ils croient ainsi faire preuve de leur liberté d'esprit, ils ne font que montrer leur docilité.

La critique seule et la science vraie peuvent guérir cet état morbide. Il faut se défendre contre le prestige de l'autorité et puisqu'aussi bien les seconds maîtres jugent les premiers et les troisièmes les seconds, les juger les uns et les autres par la critique et la raison. Et pour éviter ces conflits de la pensée, ces crises douloureuses de la conscience, il serait sans doute utile que partout, même dans les grands séminaires où l'on se préoccupe avec raison de l'instruction professionnelle du prêtre plus que de sa formation pure-

ment scientifique, l'enseignement théologique
s'humanisât dans la juste mesure au contact de
l'histoire et que tous les futurs prêtres fussent
imbus de cette incontestable pensée que l'Eglise
vit et se développe et que si chez elle, comme chez
tout être vivant, les lois de la vie sont immuables, il y a cependant une évolution des manifestations de la vie.

IV

L'ÉVOLUTION DES DOGMES SELON LE CATHOLICISME ET SELON M. SABATIER

Car qu'il y ait une évolution des dogmes et
une histoire des sacrements, c'est ce qu'assurément aucun catholique instruit n'a jamais nié.
Saint Pierre n'a point prêché la *Somme théologique*. Dès le v° siècle Vincent de Lérins
avait à répondre à ceux qui lui demandaient s'il
n'y avait aucun progrès dans l'Eglise de Dieu et
il écrivait (1) que la doctrine s'accroissait dans
l'identité de genre et dans l'identité du dogme,
comme un gland se développe en une tige frêle
d'abord, puis en un grand chêne. Et saint Thomas
enseigne que la connaissance dogmatique va de
l'implicite à l'explicite (2), du confus au clair

____

1. *Commonitorium.* — c. xxiii (alias xxviii) De pro-
fectu religionis qui habetur in Ecclesia.

2. *Sum. Theol.* IIa IIæ vii. « Articuli fidei temporum
successione creverunt non quidem quantum ad subs-
tantiam, sed quantum ad explicationem et expressam
professionem ; nam quæ explicite et sub majori numero
a posteris credita sunt, eadem omnia a superioribus pa-

jusqu'à ce que la conscience de l'Eglise lui donne
avec son expression définitive sa forme achevée.
Le Cardinal Newman a admirablement développé
ces enseignements; l'on a pu entendre en 1896 à

tribus implicite et sub minori numero credita fuerunt. »
Et tout de suite après, saint Thomas compare l'accrois-
sement dogmatique au développement scientifique qui
découvre peu à peu les conséquences cachées, implicitement contenues et affirmées dans les principes premiers.

On peut voir par tout cela combien étaient fondées
les critiques qu'a adressées à cette théorie, avec une
courtoisie à laquelle d'ailleurs j'aime à rendre hom-
mage une Revue spéciale. On nous accuse d'avoir
énoncé une doctrine fort dangereuse en nous efforçant
de faire voir comment l'autonomie de la pensée était
respectée, même dans l'énonciation infaillible du dogme
par le magistère catholique car : 1° nous faisons de la
conscience du fidèle la règle de l'autorité, ce qui est par
trop démocratique ; 2° nous admettons une évolution
dans le dogme, ce qui compromet sa stabilité ; 3° nous
supprimons le surnaturel. — Et nous répondons :
1° que, si peu expérimenté théologien que nous puis-
sions être, en partant de la conscience collective de
l'Eglise nous n'avons pu songer à parler d'autre chose
que de la conscience d'une vie surnaturelle, parce qu'il
n'y a Eglise et foi véritable que dans une telle vie ;
2° que nous avons assez expliqué à la suite de
Vincent de Lérins et de saint Thomas et en les citant
expressément que l'évolution n'implique pas pour nous
changement, mais développement, *in eodem genere et in
eodem dogmate*, et il faut vraiment être bien aveugle
pour ne pas avoir saisi sur ce point notre expresse
profession de foi ; 3° que puisque, de l'aveu de tous, le
Pape ne *crée* pas, *n'invente* pas le dogme, puisqu'il ne
fait que le *définir*, il faut bien qu'il le trouve quelque
part, c'est-à-dire dans la conscience vivante de l'Eglise
à laquelle incontestablement prend part l'âme surnatu-
rellement vivante de chaque fidèle. C'est tout ce que nous
avons voulu dire. Et si nous ne découvrons là qu'autonomie et non point du tout aucune hétéronomie, ce
n'est pas que nous refusions de soumettre l'individu

l'Institut catholique, le P. de la Barre professer sur l'évolution du dogme des leçons fort remarquées pendant que les *Etudes* des RR. PP. Jésuites publiaient sur l'histoire du dogme de l'Eglise des articles très judicieux du P. Bainvel (1). Et il m'est moins qu'à personne permis d'oublier que le regretté P. de Régnon a écrit sur l'histoire du pogme de la Trinité (2) deux volumes où se fait voir le métaphysicien profond à côté du théologien le plus rigoureux et de l'historien le mieux informé.

Donc il est faux de prétendre que le catholicisme professe la fixité absolue de toute la dogmatique. L'Eglise est un organisme vivant, une conscience collective ; cette conscience suit la loi de toutes les consciences, elle va du confus au humain, le moi individuel, à l'autorité de Dieu, puisqu'aussi bien nous le soumettons même à l'autorité sociale et que nous avons dit expressément, avant qu'on nous y invite : « Etre libre c'est obéir. » — *Servire Deo regnare est*, — mais c'est parce que nous ne pouvons nous résoudre, étant fils de Dieu, greffés par la grâce du baptême sur le Cep divin, à regarder la loi de la vie divine comme une loi étrangère, vraiment extérieure et hétéronome... *In ipso enim vivimus, movemur et sumus*. — L'erreur de ces estimables théologiens dans leur charitable avertissement a été de croire que nous raisonnions en rationaliste, nous plaçant au point de vue de la nature, tandis que, parlant de la conscience de l'Eglise, nous avions cru ne pouvoir logiquement nous placer qu'au point de vue exclusif du surnaturel et qu'il n'était même pas besoin d'en avertir.

1. *Etudes* 5 et 20 janvier 1897. Voir encore : *l'Elasticité des formules de foi ; ses causes et ses limites* par le R. P. GRANDMAISON — *Etudes*, 5 août 1898.

2. *Etudes de théologie positive sur la Sainte Trinité*, 2 vol. in-8°. RETAUX, 1892.

clair, de l'implicite à l'explicite ; à mesure qu'elle réfléchit sur elle-même, elle prend une connaissance plus nette des lois intimes de la vie surnaturelle. Les définitions qui fixent les termes d'une proposition dogmatique n'interviennent qu'après une lente élaboration à laquelle ont pris part non seulement tous ceux qui ont écrit ou parlé en public sur la question, mais aussi tout ceux qui dans le secret de leur cœur ont prié conformément à leurs croyances sur cette même question ; en sorte que toutes les âmes qui vivent dans l'Eglise contribuent à la définition. L'autorité conciliaire et papale n'invente pas, elle définit ; elle n'ordonne pas de croire quelque chose qu'on ne croyait pas, elle constate qu'on le croit. Ainsi la définition dogmatique ne s'impose pas du dehors à nos consciences, la parole de l'Eglise est notre parole même en tant que nous sommes catholiques, et donc nous ne sentons pas dans son gouvernement l'autorité extérieure et tyrannique que l'on croit y découvrir, et par conséquent nous n'éprouvons vis-à-vis de ce gouvernement aucun des sentiment de servile et lâche soumission que l'on nous reproche et dont on nous plaint. En écoutant la parole des pasteurs et en particulier du pasteur suprême, nous n'abdiquons pas notre conscience, nous ne faisons qu'en reconnaître la voix plus intelligible et plus claire.

Nous irons même plus loin et nous remarquerons volontiers que les formules dogmatiques n'expriment que des lois asbtraites de la conscience religieuse, qui, semblables à toutes les vraies abstractions, ont un fondement réel, expriment une vérité essentielle, mais ont besoin pour redevenir concrètes et par conséquent pour constituer un acte de foi, d'être, pour ainsi dire,

réincarnées dans les consciences, de sortir enfin
des pages mortes des livres pour retourner dans
la vie. En cela elles suivent la loi de toute proposition scientifique. Dès qu'une formule abs-
traite touche le seuil d'une conscience vivante,
en même temps qu'elle se concrétise et reprend
vie, elle se singularise, car elle fait corps maintenant avec tout l'ensemble de pensées, de sentiments, de passions, d'émotions qui constitue
l'être qui la profère et qui y reconnaît l'expression de sa croyance. C'est toujours la foi de
l'Eglise, mais c'est aussi la foi d'une âme individuelle dans l'Eglise. Cette âme communie avec
toutes les autres par les concepts qu'elle conserve
et que sa pensée peut toujours abstraire, mais sa
foi est bien vraiment sienne, proprement individuelle, avec sa coloration, ses nuances intérieures
qui lui viennent à la fois des circonstances, de
son caractère particulier, de ce que l'on pourrait
appeler son indice de réfraction morale. Car
d'heure en heure, même dans une seule âme, les
colorations de l'état de croyance peuvent changer.
Tout n'est pas fixe ni cristallisé dans la vie de
l'âme, il y a sans cesse du mouvement, de l'évolution, tout devrait y être en progrès (1).

Mais le progrès ne consiste pas en un changement quelconque, le progrès consiste dans le passage du moins au plus et du bien aux mieux.
Abandonner une formule de pensée ou de
croyance, pour en prendre une autre tout oppo-
sée, c'est bien changer, mais ce n'est pas pro-

---

1. Sur ce point le théologien psychologue pourrait
trouver des vues intéressantes et profitables dans la
thèse de M. BERGSON. — *Essai sur les données immédiates
de la conscience*, in-8°, ALCAN. — 1890.

gresser ; à vrai dire, ce n'est pas vivre, c'est
demeurer stationnaire et en équilibre, puisque
l'état nouveau s'oppose à l'état ancien et que
tous les deux s'annulent. Progresser c'est suivre
les lois de l'acquisition scientifique, c'est conserver les vérités acquises et, appuyé sur elles,
s'élancer à la découverte de nouvelles vérités.
Ainsi fait le catholicisme. On peut faire voir les
progrès dans le formulaire dogmatique : une formule une fois définie, elle demeure acquise à
jamais, comme dans les sciences les propositions
prouvées ; elle sert de point d'appui pour aller
plus loin et donner à l'Église une conscience de
plus en plus nette des ressorts mystérieux de son
organisation et de sa vie. Ainsi se fait le progrès
dans le même genre et dans le même dogme, *in
eodem genere et in eodem dogmate*, dont parlait Vincent de Lérins.

Ce n'est assurément pas d'une évolution de ce
genre que veut parler M. Sabatier quand il ré-
clame pour le dogme le droit d'évoluer pour rester vivant, et qu'il accuse le catholicisme d'être
figé en un dogme mort. Il est trop instruit de
l'histoire religieuse pour ignorer ce qu'ont toujours professé les plus grands docteurs catholiques. Il faut donc qu'évolution pour lui soit
synonyme de transformation, de variation et par
conséquent de possibilité de contradiction. Et il
serait difficile en effet de ne pas professer cette
doctrine, quand on se croit dans la descendance
légitime des Luther et des Calvin et que cependant
on ne voit dans la Trinité qu'un symbole tout
subjectif, qu'on refuse de se prononcer sur la divinité de Jésus-Christ. Le droit de changer, pour
M. Sabatier, ne peut être que le droit de se contredire ; l'évolution, selon lui, et nous avons vu

qu'il le dit à peu près expressément, c'est la possibilité pour la foi de nier ce qu'elle avait cru et
de croire ce qu'elle avait nié. La vie de la foi
aurait pour condition la possibilité de contradiction.

Ainsi donc de deux choses l'une : ou M. Sabatier admet que la croyance ne doit pas se contredire, et alors que deviennent ses critiques contre
le catholicisme? ou bien il revendique pour la
croyance — et c'est là sa véritable pensée — le
droit de se contredire et dans ce cas, nous demandons ce qu'il fait de la science et de la raison?

Car la foi a beau être dans l'âme un acte religieux, elle ne peut renverser toutes les lois de la
raison dont la première de toutes est que l'esprit
humain ne doit pas se contredire. L'on peut bien
essayer de dire que l'acte de foi étant un acte
vivant ne ressortit pas aux lois de l'intelligence
qui sont des lois abstraites et extérieures au cours
de la vie, mais aux lois de la vie qui consistent
en une perpétuelle évolution, mais alors nous
remarquerons que l'évolution n'existe pour nous
et que nous ne pouvons en parler que si nous la
pensons, qu'elle n'a de valeur comme explication
des choses qu'autant qu'elle manifeste des lois.
Et la vie elle-même serait-elle vie si elle n'obéissait pas à certaines lois ? Que les espèces se trans-
forment tant qu'on voudra et que le vivant soit
en mue perpétuelle, encore faut-il, pour qu'il y
ait et science et même pensée de la vie et de l'évolution, qu'il y ait des lois et de l'évolution et de
la vie. Or, ces lois ne sont des lois que si elles
sont fixes et immobiles. En sorte que, pour éviter
les lois fixes, les dogmes immobiles, faire appel à
la vie, à l'évolution, c'est en réalité ne rien dire.
Les lois de la sélection naturelle et de la concur-

rence vitale dans le système de Darwin ne sont pas moins fixes que les lois de l'organisation des vertébrés dans le système de Cuvier. Et Herbert Spencer ne regarde pas les deux grandes lois de différenciation ou d'intégration comme moins fixes que les lois de la chute des corps. Elles sont plus générales, voilà tout.

Le christianisme est une vie, le dogme ne fait que formuler les lois de cette vie à mesure qu'elles se découvrent plus clairement. Ces formules sorties de la vie commune, et par conséquent de la vie de tous, reprennent dans l'âme de chaque croyant une vie individuelle. Ainsi tout s'accorde et peut s'accorder à la fois avec les exigences de la vie et les lois de la raison. Substituer à cette doctrine celle de la transformation sans règle et sans loi, c'est vouloir atteindre la vie spirituelle à ses sources mêmes, car on ne saurait vivre spirituellement de façon quelconque, sans respecter l'intelligence qui est la condition même de toute vie de l'esprit.

Ainsi non seulement le Catholicisme n'exige pas l'abdication de la raison qu'on lui reprochait, il met au contraire à la base de toute sa dogmatique les droits immuables de la raison, et si parfois quelques théologiens ont rendu caducs en quelques parties leurs systèmes en les liant à des théories rationnelles hypothétiques et susceptibles d'être périmées, le dogme en sa pure essence demeure intact, intangible et invulnérable.

V

LA VIE RELIGIEUSE DANS LE CATHOLICISME

Chose remarquable ! En même temps que le Catholicisme sauvegarde par sa doctrine la possibilité de la raison, il sauvegarde aussi la véritable vie religieuse. Il conserve la vie de la nature et il réserve son domaine à la vie surnaturelle de la grâce. M. Sabatier ne veut pas qu'on distingue les deux vies et les deux domaines, il nous parle quelque part « de la vieille et inutile antithèse du naturel et du surnaturel (1) ». Et par là ce disciple de Jésus se condamne au naturalisme et au rationalisme (2). Il a en effet laissé s'évaporer tout le sens de la doctrine du salut, il a absorbé toute la religion dans la morale, il n'a aucune idée claire de ce qu'il appelle le royaume de Dieu, il n'y voit guère qu'une pacification de nos tendances contraires, une harmonie des instincts et par conséquent une joie intime de l'âme. Ou, s'il y voit autre chose, il ne nous le dit nulle part. Or, il n'y a rien là qui soit sensiblement au-dessus de ce à quoi aspiraient sinon des épicuriens, du moins les stoïciens. Il suffit de lire l'Évangile

---

1. P. 73.

2. Les croyances actuelles de M. Sabatier sont religieuses, je le veux, elles ne sont plus chrétiennes. Elles sont religieuses, dans l'acception vague et panthéiste du mot ; elles ne sont plus chrétiennes, au sens net et spécifique du terme. » H. Bois, in *Revue Théologique* (mai 1897), p. 250.

pour sentir que Jésus voulut dire tout autre chose. Le Catholicime professe que le royaume des cieux n'est autre que la divinisation et c'est sur cette croyance fondamentale qu'est basée toute la doctrine du surnaturel et de la grâce, c'est par là que s'explique tout saint Paul. Car il est clair que devenir participant à la nature de Dieu ne saurait être naturel à l'homme. De là la nécessité d'un secours divin, de la grâce, et, après la chute, la nécessité de la rédemption. De là l'efficacité des sacrements qui, par un effet divin, introduisent, maintiennent ou réintègrent dans le royaume de la grâce ; de là la nécessité du sacerdoce, la nécessité de l'Eglise ; de là la supériorité de la religion sur la morale, ce qui veut dire que la religion complète et achève la morále, que rien d'immoral ne saurait entrer dans la religion et que donc tout ce qui est immoral est irréligieux (en ce sens on peut dire que la morale juge de la religion) ; mais les actes vraiment et proprement religieux sont au-dessus des actes moraux, ils dépassent la nature et l'achèvent dans la grâce. Par la charité, don de la grâce, c'est déjà la vie divine qui charrie dans les veines des chrétiens la sève mystérieuse de la vie de Dieu par la vie du Christ. « Je suis le cep, vous êtes les sarments. »

De ce point de vue tous les reproches d'idolâtrie, de pharisaïsme disparaissent. La conscience qu'a le Catholique de son union avec l'Eglise fait qu'il reconnaît en la parole de l'Eglise sa propre parole et que son obéissance n'est point servilité, mais connaissance plus approfondie de soi-même ; ce qui vous apparaît du dehors comme un esclavage et une hétéronomie est pour nous la liberté même, la condition nécessaire de l'autonomie. Il n'y a pas plus d'opposition entre la conscience individuelle et la conscience sociale qu'entre les membres et le cerveau dans un organisme bien portant. Par la même raison, les rites sacramentaux sont reçus par une réponse obéissante de l'âme à la volonté miséricordieuse de Dieu. Nous sommes des enfants en la main de notre Père et, confiants, nous acceptons de sa main les breuvages et les remèdes qui, sans que nous sachions comment, doivent d'après sa promesse nous élever jusqu'à lui. Or, après avoir cru filialement ainsi, nous ne savons par quel mystère et par quel enchantement nous nous sentons plus forts, plus énergiques, plus robustes et plus vivants que jamais. En paraissant perdre notre vie nous éprouvons que nous l'avons gagnée. Nous avons reconnu notre faiblesse et voici que nous sommes forts. M. Sabatier qui voit dans les expériences intimes de l'âme la source de toute certitude religieuse ne peut plus ici nous rien objecter. Car pourquoi l'expérience de la conscience catholique n'aurait-elle pas la même valeur que l'expérience des consciences protestantes? Ce n'est donc pas diminuer ou atrophier notre vie que de faire coïncider notre conscience individuelle avec la conscience de l'Eglise, c'est au contraire la surélever et l'augmenter, c'est agrandir jusqu'à l'infini ses attaches et son champ d'action, c'est lui donner des résonances éternelles.

Nous aussi nous voulons vivre, mais précisément parce que nous le voulons, nous voulons vivre d'une vie qui ne soit pas seulement nôtre, fragmentaire et dispersée, nous voulons vivre d'une vie universelle, communier avec toutes les vies dans le temps et dans l'espace, ne pas rester enfermés en nous, emprisonnés dans notre subjectivisme étroit. Nous voulons monter vers la vie. Et s'il y a en nous, comme il y en a, des choses petites, périssables et léthifères, nous voulons les abandonner, comme un vêtement de mort, sur le chemin de la vie. La nature entière est notre domaine et rien ne nous empêche de nous y mouvoir avec liberté. Nous ne connaissons dans la science d'autres limites que celles de la raison, dans la morale d'autres exigences que celles de la conscience ; mais par-delà la nature, par delà la raison et par-delà la conscience même, nous sentons, nous éprouvons, *sentimus, experimur*, comme s'exprimait Spinoza, que s'étend non pas le vide, mais l'océan sans rivages de la vie divine. Appuyés sur la foi, bien ancrés sur l'espérance, nous ne voulons pas nous refuser les joies de cette vie supérieure. Notre expérience nous prouve qu'elle n'est pas chimérique, nous nous sentons obligés à ne rien professer que notre raison contredise, à ne rien faire que notre conscience condamne, les droits de la critique intellectuelle, les droits de la critique morale demeurent entiers, mais ne sauraient nous arrêter dans notre élan vers la vie. Car la critique et la liberté de l'esprit sont des conditions de la vie dont nous sommes loin de méconnaître l'importance, mais des conditions négatives qui ne doivent pas, sous prétexte d'être toujours respectées, nous faire oublier de vivre. La vie a aussi ses conditions positives qui, plus d'une fois, exigent qu'on fasse leur part aux conditions négatives. La fatigue de l'estomac doit être évitée, nous dit l'hygiène ; mais cependant la vie nous crie que nous devons nous nourrir au risque même de fatiguer un peu l'estomac. Et ainsi la vie scientifique elle-même ne se réalise pas sans faire plus d'une fois appel à la méthode d'autorité que cependant la critique semble condamner. Car si un savant voulait s'astreindre, avant de pousser plus loin, à tout vérifier et à tout se démontrer à lui-même, il devrait passer sa vie à ces preuves et à ces vérifications et renoncer par là à faire progresser la science. C'est bien lui alors qui aurait lâché la proie pour l'ombre. C'est là un point que M. Sabatier n'a fait qu'entrevoir dans sa brochure. S'il avait peut-être plus approfondi la pratique des sciences de la nature il aurait vu que leur méthode est beaucoup plus autoritaire qu'il ne l'imagine et par conséquent beaucoup moins autonome qu'il ne le prétend.

Voilà pourquoi nous n'avons peur ni de la mortification, ni de l'obéissance, ni de l'humilité. Le plus fier esprit qui ait peut-être jamais existé, celui qui a fait l'œuvre extérieure la plus étonnante, l'homme de toutes les audaces et de toutes les énergies, l'apôtre Paul a écrit : « *Cum infirmor tunc potens sum*, — quand je reconnais mon infirmité, c'est alors que j'acquiers toute ma puissance. » Voilà pourquoi encore nous ne nous laissons pas séduire à ces mots qu'on croit magiques, mais qu'il faudra bien pourtant quelque jour regarder en face et critiquer et juger, non pas au nom de la foi, mais au nom de la science et de la raison même, liberté d'examen, liberté d'esprit, liberté de penser. M. Brunetière a osé déjà le dire : « La liberté n'est qu'un moyen, elle ne saurait être un but. » Elle n'a aucune valeur par elle-même, elle ne vaut que par ce que l'on peut en faire et ce qu'on en fait. C'est pourquoi la liberté d'examen existe au seuil de la science, la liberté d'investigation et de la recherche de la pensée, mais le but même de la science est de supprimer et non pas d'assurer la liberté de penser. La vraie liberté, la véritable autonomie scientifique consiste à se fixer aux démonstrations et à renoncer à douter de ce qui est une fois acquis. Pour la vie religieuse il en est tout à fait de même : on a le droit d'examiner et de chercher librement jusqu'au moment où l'on a trouvé la voie de la vie. Mais quand on l'a découverte il ne reste plus qu'à la suivre. Sous prétexte de ne pas abdiquer sa liberté, déserter la voie serait vouloir, sous prétexte de vie, s'égarer sur les chemins de la mort. Car en étudiant la vie, en réfléchissant sur elle, on s'aperçoit qu'elle ne peut exister qu'en se conformant à certaines lois ; nous ne pouvons vivre individuellement si nous ne nous soumettons pas à nos lois : lois physiologiques, lois psychiques, lois logiques, lois morales ; c'est la soumission de la liberté à ces lois qui nous fait vivre et non la conservation jalouse d'une liberté sans lois. Et de plus nous sentons que nous ne sommes pas des solitaires ou des isolés : toute opération de notre part suppose avant nous et autour de nous, comme l'a si bien montré Maurice Blondel (1), la coopération de toute la famille humaine, notre vie n'est pas complète si nous voulons l'achever en nous, nous nous mutilons en prétendant conserver notre indépendance, nous mortifions le rayonnement de notre vie. Il faut donc, pour aller jusqu'où nous pousse l'expansion vitale, vivre aussi socialement et donc entrer dans la vie sociale et ici encore obéir et nous soumettre à des lois. Mais si nous voulons que nos actes sociaux ne produisent pas une

1. *L'Action*, in-8°, ALCAN, 1893.

correspondance purement mécanique avec tous les
autres, il faudra mettre notre âme même en union
avec les autres âmes et dès lors assurer la correspondance des pensées sociales, pour que puisse
vivre la cité des esprits, la république des âmes.
Or, ici ce n'est plus seulement le corps qu'il faut
assujettir à des gestes, c'est la pensée qui doit
s'accorder pour leur répondre avec les autres
pensées. La pensée sociale sera donc naturelle-
ment la norme régulatrice de la pensée individuelle. La vouloir ce n'est pas vouloir quelque
chose d'étranger à soi, c'est au contraire se vouloir soi-même au plus haut point et donc ici encore être libre, c'est obéir ; se mortifier, c'est se
donner les moyens de vivre.

Mais à une condition.

C'est que la pensée sociale le soit véritablement, qu'elle exprime les conditions vraies de
la vie collective, que nous ayons en la voix qui
l'exprime une confiance complète, qu'elle soit
par conséquent légitime, assurée, infaillible.
Aussi n'y a-t-il point dans les sociétés humaines
de pure cité des âmes, l'État ne saurait imposer
sa pensée à des pensées libres ; seule une autorité spirituelle peut revendiquer ce droit. Il faut
une garantie suprême de l'infaillibilité de la
pensée collective, qui exige une assistance con-
tinuelle de l'esprit de Dieu. C'est cette croyance
à l'assistance à l'Esprit-Saint qui sauve le catholique de toutes les contradictions et lui permet
d'atteindre à la plénitude de la vie. Il vit en
chacun et en tous, il se sent en communion avec
le principe éternel de toute vie. L'Océan est
moins vaste que son âme et le ciel est moins peuplé
que son cœur. — Les ivresses d'une pensée aristo-
cratique et solitaire, à la manière d'un Spinoza,

sont toujours limitées par l'amertume, la souffrance intime de se sentir seul sur des sommets où les autres n'atteignent pas. Le *Moïse* de Vigny souffre de sa solitude et sent la mort dans la puissance même de sa vie individuelle. Le chrétien a au contraire la consolation de se sentir le frère des plus humbles et des plus petits, de vivre de la vie spirituelle des enfants et des ignorants qui d'un coup d'aile de leur cœur pur montent plus haut que les philosophes dans la charité de Dieu. Volupté d'être enfant, douceur d'être misérable à la condition de ne pas demeurer isolé dans l'enfance et dans la misère ! N'est-ce pas là l'Evangile et sommes-nous donc, quand nous éprouvons ces choses, des idolâtres et des pharisiens ?...

Petits parmi les petits que Jésus aimait, bien loin derrière la foule de ceux que la charité soulève, nous nous demandons comment il peut arriver qu'on ait transformé cette religion de Jésus en une sorte de philosophie où les ignorants ne pourront jamais atteindre. Georges Goyau le remarque excellemment dans *l'Allemagne religieuse* : « Vous êtes tous prêtres, « dit Luther, ce fut le point de départ... En « observant aujourd'hui l'Église évangélique « d'Allemagne nous saisissons le point d'arrivée : « d'une part, une vérité ésotérique à l'usage des « savants ; d'autre part une vérité exotérique, à « l'usage des fidèles ; d'une part, une élite in- « tellectuelle, qui prétend, en matière de foi, « tout dire, tout enseigner, tout ébranler ; d'au- « tre part, au-dessous d'elle, bien loin d'elle, la « masse à laquelle on inculque, de bloc, autant « que faire se peut, le contraire de ce que l'élite « enseigne et le respect de ce que l'élite ébranle...

« Jamais on ne vit un plus terrible hiatus entre
« les maîtres de la foi et l'humble foule, écolière
« de la foi : une aristocratie intellectuelle, in-
« croyante en grande partie, incarne aujourd'hui
« la démocratique Réforme (1). »

1. P. 180-182. — Ces lignes étaient écrites quand a
paru dans les *Débats* (7 décembre 1897) un article de
M. Edouard Rod (d'origine genevoise et protestante) où
on peut lire :

« En vérité, M. Sabatier est un admirable idéaliste.
Son Dieu, dégagé de tout anthropomorphisme, sa religion digne d'un noble penseur ! Mais, je l'avoue, ces
conceptions ne me satisfont pas ; non certes dans mon
esprit spéculatif auquel elles donnent tout ce qu'il peut
souhaiter, mais si j'ose le dire, dans ma raison active
et pratique. Quand on peut concevoir ainsi le rôle de
Dieu, dans l'âme humaine, peu importe ce qu'on en
pense, ou si même on n'en pense rien ; on est mûr
pour être un de ces saints laïques comme notre siècle
en a vu quelques-uns, Taine ou Littré, par exemple.
Mais, encore une fois, les autres ?

« Ah ! les autres, M. Sabatier a répondu pour eux en
nous contant l'histoire du moine Sérapion. Ce Sérapion
avait été longtemps un saint homme. Mais, un jour, on
lui apprit que Dieu était un être tout spirituel, sans
corps, sans figure extérieure, sans organes sensibles.
Il le crut ; mais il tomba dans un profond désespoir,
et il répétait : « Malheur à moi, infortuné ! Ils m'ont
enlevé mon Dieu ! Je n'ai plus personne que je puisse
saisir, invoquer et adorer ! »

« A coup sûr, il y a moins de génie et moins de no-
blesse dans le cri désolé de ce pauvre moine que dans
la sagesse des philosophes qui lui prirent son Dieu ;
mais j'ai peur qu'en revanche il y ait plus d'humanité. Et peut-être, pour poursuivre efficacement ce redoutable problème de la « conciliation », est-ce l'image
de l'humble et touchant Sérapion qu'il faudrait avoir
sans cesse devant les yeux. La première condition de
son accomplissement c'est qu'elle soit compréhensible
aux simples ; car ce sont toujours eux qui seront la
véritable Eglise. »

VI

M. SABATIER ARISTOCRATE, NATURALISTE ET AGNOSTIQUE

Le livre de M. Sabatier, d'autres livres parus récemment sont des livres d'aristocrates. Et c'est là le grave défaut du naturalisme moral comme du naturalisme religieux ; pour se faire à soi-même de toutes pièces sa vie intérieure morale et pour se faire sa foi, il faut une culture que le peuple n'a pas le temps de se donner. Ainsi la foule dont Jésus avait pitié est condamnée aux formes inférieures de la religion et de la morale. Les derniers ici restent les derniers et nous sommes donc fort loin du vrai royaume de Dieu.

Car M. Sabatier, en reprochant au Catholicisme d'altérer l'essence de la religion et de la prière, oublie que le *Catéchisme du Concile de Trente*, après avoir défini la prière, « une élévation de l'âme vers Dieu », dit encore : « Elevée vers le ciel comme sur les deux ailes de la foi et de l'espérance, l'âme ardente et zélée arrive jusqu'à Dieu et, sans hésitation, lui expose ses besoins comme un fils unique à un père bien-aimé (1). » Or, c'est là l'idée même que se fait de la prière M. Sabatier. Il se trouve aussi quelque peu gêné en face de la pratique des saints et de toute la mystique (2). Comment nier l'ardeur religieuse

1. *Pars* IV, c. III, § 8.
2. En ce moment même un mouvement assez vif se

d'un saint François d'Assise ou d'un saint François de Sales, les colloques filiaux directs d'une sainte Claire ou d'une sainte Thérèse ? M. Sabatier s'en tire en voyant une contradiction entre le courant mystique et le courant sacerdotal du catholicisme. Mais il oublie que, à côté de quelque mystiques révoltés — qui, des Carpocratiens aux Albigeois et aux Flagellants, ne furent pas toujours édifiants — il y a eu un bien plus grand nombre de mystiques soumis docilement aux Papes et aux autorités de l'Eglise. Et plus d'une fois il aurait pu voir les mystiques jouer dans l'histoire de l'Eglise un rôle considérable à côté

fait [parmi le catholicisme en faveur de la mystique. D'excellents livres tels que le *Manuel de théologie mystique*, par M. l'abbé Lejeune (in-12, Poussielgue), la *Doctrine spirituelle des saints*, par le R. P. Roussel (in-12, Lethielleux), une nouvelle traduction de l'*Itinéraire de saint Bonaventure* (in-12, Vannes), ont paru cette même année. La traduction de *la vie du P. Hecker* (in-12, Lecoffre, 1897) avec toutes les controverses qu'elle a soulevées, a attiré de nouveau l'attention sur ce point initial de toute la religion : l'action de Dieu sur l'âme et la croyance de l'âme à Dieu. On a cru voir une nouveauté dans l'insistance avec laquelle le P. Hecker demande aux directeurs de laisser libres les âmes en face de l'esprit de Dieu, mais le P. de la Barre a fait très bien remarquer (*Etudes*, 20 septembre 1897) que « la règle extérieure est un *moyen providentiel* destiné simplement à venir en aide à l'esprit épuré de toute superstition, quelles belles conceptions intérieures », et il a, avec beaucoup d'à-propos, cité ce texte de saint Ignace : « Qui tradit exercitia non divertat nec se inclinet ad unam neque ad alteram partem, sed, consistens in medio ad instar bilancis, sinat *Creatorem cum creatura et creaturam cum suo Creatore ac domino immediate operari* (*Exercit. spirit. annot.* 15). Paris, Goupy, 1865, gr. in-8°, p. 10, *vers. littéral.* —Que de préjugés ce simple texte devrait faire évanouir !

et au-dessus des politiques. C'est que le mysticisme n'est pas, comme semble le croire M. Sabatier, un accident au sein du catholicisme. Le vrai mysticisme, c'est l'amour filial de Dieu, sa forme est le colloque mystérieux de l'âme avec Dieu, ce que M. Sabatier considère lui-même comme étant l'essence pure de la religion. Or, le catholicisme pense là-dessus comme M. Sabatier. Seulement là où M. Sabatier ne veut pas admettre de nuances ni de degrés, le catholicisme en distingue de plus d'une sorte. Il admet sans la condamner, vu la médiocrité des âmes humaines, une religion imparfaite qu'il s'efforce d'encourager et de conduire à la religion parfaite, à l'amour pur de Dieu, à la prière immédiate et silencieuse (1). M. Sabatier n'admet pas qu'il y ait acte religieux en dehors de la perfection de la religion. Le Catholicisme est plus indulgent. Les rites, les formules, les sacrements ont tous pour objet et pour effet d'augmenter la vie religieuse. Les mystiques arrivés aux plus hauts degrés de contemplation sont tellement unis à la vie de l'Eglise que ses sacrements et tout son formulaire extérieur ne font que traduire et revivifier leur flamme intérieure. Ils jouissent de la suprême liberté, de l'autonomie la plus admirable, car leur communion avec Jésus-Christ et avec l'Eglise est si entière et si pleine que leur volonté est celle de l'Eglise même, ils voient la Fille dans le Père et sentent dans leur union immédiate avec le Père céleste la raison de leur union avec l'Eglise. Aussi est-il aisé de voir chez les grands mystiques combien leur liberté est

---

1. Sur les divers degrés de prières, le *Catéchisme du Concile de Trente* est aussi explicite qu'il est possible.

grande en même temps que complète leur docilité.

Autrefois Luther absorbait la nature dans la grâce ; aujourd'hui les protestants absorbent la grâce dans la nature et font évanouir le surnaturel. De tout temps, le Catholicisme a proclamé l'existence distincte et superposée de la nature et de la grâce. Nos pères ont lutté contre Luther en faveur du libre arbitre et de la nature ; nous avons aujourd'hui à défendre contre les fils de Luther le domaine du surnaturel. Faute d'avoir fait dans son système une place au surnaturel, M. Sabatier est contraint de transformer le péché d'origine en un mal naturel et fatal et de calomnier Dieu. Car réduire le mal à une nécessité résultant de notre nature, en même temps que c'est ôter de ce mal l'idée même de péché et être infidèle à toute la tradition chrétienne, c'est aussi rendre impossible une conception quelconque de la justice divine. Si Dieu, qui est bon, a fait l'homme radicalement mauvais, c'est alors qu'il n'a pas su mieux s'y prendre, ou qu'il n'a pas pu réaliser son dessein et ce n'est qu'un gâcheur d'ouvrage. Si Dieu, au contraire, a réalisé le monde et l'homme sans autre considération que celle d'un déterminisme régulier de l'œuvre, sans penser au bien ou au mal qui s'y trouveraient, il manque totalement de bonté et alors comment pourrions-nous encore l'appeler « notre Père » ? Dans ces deux cas, ce n'est plus le Dieu du Christianisme et non pas même celui d'un spiritualisme un peu conséquent.

Admettre au contraire avec la tradition chrétienne et avec le Catholicisme que l'homme jouissait à l'origine de la pacification de ses instincts, de l'harmonie de sa nature avec elle-même et avec la nature du dehors, qu'il a perdu cette harmonie par une libre faute dont les conséquences se sont héréditairement transmises à l'humanité et dont les contre-coups se sont fait douloureusement sentir même dans le déterminisme du monde, c'est là une conception qui sauve à la fois la bonté, la puissance et la justice de Dieu. C'est la bonté de Dieu qui est à l'origine de l'être et c'est la liberté de l'homme qui est à la racine du mal. Et nous ne prétendons certainement pas que tout mystère soit levé par là, mais du moins nous n'avons plus le scandale évident d'un Dieu créant l'humanité malheureuse et poursuivant sur elle les conséquences de sa propre impuissance, de sa propre indifférence, si ce n'est pas de sa propre méchanceté. Que Dieu récompense en l'homme ses propres mérites, ainsi que le dit l'Apôtre, c'est une grâce pour une grâce, il y a là quelque chose de supérieur à la justice, mais que nul ne s'avise d'appeler injuste ; mais que Dieu punisse un mal dont il est l'auteur, c'est alors la plus violente des injustices. La conception, fort discutable d'ailleurs au point de vue psychologique, que M. Sabatier se fait de l'origine du mal, est donc aussi peu chrétienne qu'il est possible.

On ne peut se l'expliquer chez l'auteur que par le désir de montrer la liberté de son esprit vis-à-vis du récit de la chute dans la *Genèse*. Mais plusieurs, même parmi ceux qui n'admettent pas le sens littéral du récit, M. Renouvier, par exemple, ont encore admis qu'il renfermait sous une forme, plus ou moins mythique et légendaire, la meilleure et la plus profonde explication de l'origine du mal dans le monde par un acte de liberté.

Une autre cause de gêne pour M. Sabatier c'est sa défiance vis-à-vis de toute métaphysique. Il n'est pas possible de discuter sur l'origine du mal sans raisonner sur la nature de Dieu. Or, M. Sabatier, qui se croit imbu des idées de Kant, ne pense pas pouvoir rien dire de la nature de Dieu. Il s'applique alors à résoudre le problème du mal par la seule observation psychologique et ne voit pas que le problème une fois résolu ainsi n'avance à rien car il en soulève immédiatement un autre et le plus redoutable de tous pour la conscience religieuse : Dieu est-il bon et Dieu est-il juste ?

Car pour que la religion soit le colloque filial de l'homme avec Dieu il faut bien que nous ayons quelque idée de ce Dieu avec qui nous conversons. L'agnosticisme pur ne saurait satisfaire l'âme religieuse. Des écrivains récents tels que Emerson et après lui ce transfuge du catholicisme qui fut jadis l'abbé Charbonnel s'adressent au Dieu inconnu. La connaissance qu'ils ont pu avoir du divin s'est voilée à leurs yeux et s'est changée en méconnaissance. Ils font appel à un autre qu'à ce Dieu qu'ils ont jadis adoré. Et peut-être, sans qu'ils s'en doutent, est-ce toujours lui qu'ils invoquent encore, car même dans leur prière à l'inconnu ils supposent que cet inconnu les entend, qu'il est bienveillant et qu'il peut quelque chose pour eux. L'agnostique véritable ne peut guère que dire avec le poète :

Si le ciel est désert nous n'offensons personne,
Si quelqu'un nous entend, qu'il nous prenne en pitié !

Mais être à la fois religieux et rigoureusement agnostique est tout à fait impossible. Aussi bien M. Sabatier ne conclut-il pas à l'agnosticisme complet.

Il estime qu'après Kant toutes les métaphysiques sont définitivement ruinées et, comme il dit, périmées. Il pense en conséquence que notre conception de Dieu ne saurait être que subjective d'abord, téléologique après, symbolique ensuite. Étant subjective, elle n'a de valeur qu'en nous et pour nous, elle n'atteint pas Dieu, elle n'est que l'idée du divin que nous découvrons en notre âme ; étant téléologique, elle introduit de l'ordre dans les idées que nous nous faisons de nous-mêmes et de la nature et fait de nos pensées un tout organiquement lié ; étant symbolique, elle s'exprime en images, en paraboles, en comparaisons, en métaphores, dont le seul fondement réel est notre conception de Dieu. C'est ainsi que M. Sabatier prétend concilier à la fois l'intériorité du divin en nous, et la nécessité d'une science des dogmes.

Je ne voudrais pas être injuste pour un homme dont le ton dénote l'extrême sincérité, qui, même lorsqu'il se trompe de la façon qui nous est la plus sensible, se trompe évidemment de très bonne foi, mais cependant, je me demande et je ne puis pas ne pas me demander comment il se fait que, sous ses formules et ses théories, M. Sabatier ne découvre pas ce qu'il y a en réalité, c'est-à-dire non pas même l'agnosticisme, mais l'athéisme pur. Ce qui sauve peut-être M. Sabatier de cette conséquence extrême, c'est que, tout en voulant admettre la doctrine de Kant, il la fausse et n'en voit pas les dernières conséquences. Il admet en effet qu'il y a dans nos conceptions un facteur mystérieux qu'il appelle l'expérience, qui en fournit la matière et que notre esprit ne constitue pas. Et par là il peut soutenir que dans les idées que nous avons du divin entre comme facteur premier avec l'expérience religieuse une

part inconnue de réalité divine. Mais tous les
philosophes savent bien que, lorsque Kant conserve ainsi une matière inconnue et inconnaissa-
ble comme facteur de nos conceptions et par elles
de notre science, cette matière d'abord n'est pas
l'*expérience*, car l'expérience est constituée par
l'application des formes pures de l'esprit à la
matière, et de plus, que c'est par un reste de
superstition vis-à-vis de l'ancienne métaphysique
qu'il conserve cette matière et qu'il introduit
dans son système toute une suite de contradictions. Kant n'a donné à cette matière aucun rôle,
aucune fonction ; elle est une plasticité indéter-
minée qui se prête sans résistance à toutes les
formes que lui impose l'esprit. M. Sabatier est
profondément infidèle à la pensée et à la doctrine
de Kant lorsqu'il suppose que cette matière est
déjà déterminée et qu'elle provoque l'application
de telle ou telle forme de l'esprit. C'est ici tout
le contraire du kantisme. Le théisme inhérent
au Christianisme a influé sur la pensée de M. Sabatier et lui a fait comprendre le kantisme tout
de travers, car l'expérience dont il nous parle,
déterminée et déterminant l'application de telle
forme plutôt que d'une autre, ne saurait être rien
d'autre que la Chose-en soi que précisément Kant
a voulu bannir de la philosophie. M. Sabatier ne
se sauve donc de l'athéisme que par une inconsé-
quence et l'appareil extérieur de son kantisme
n'est qu'un trompe-l'œil. Mais comme tout le livre
a pour but d'établir sur cette fausse interprétation
de la doctrine de Kant une théorie de la science
des dogmes, il s'ensuit que l'œuvre est tout
entière ruineuse et que toute la partie construc-
tive, la plus importante, l'essentielle, repose sur
un contresens.

Au fond, malgré tout le mal qu'il croit devoir dire de la métaphysique, M. Sabtier est resté métaphysicien théiste, et on doit en féliciter son sens chrétien qui l'a fait sortir de la vide théologie kantienne pour lui conserver, du moins comme subjective, la réalité de Dieu. M. Sabatier, d'ailleurs, peut s'en consoler. Le kantisme est désormais, lui aussi, entré dans le vaste conservatoire historique des philosophies « périmées ». Il doit être dépassé : l'idée un moment avait caché le réel, on est maintenant disposé à le retrouver. En Allemagne, en France, on voit déjà se dessiner les grandes lignes d'une nouvelle métaphysique dont les affirmations suprêmes rappelleront de très près celles de l'ancienne.

Mais cela même permettra de se délivrer de ce subjectivisme auquel veut rigoureusement se tenir M. Sabatier et qui ne peut que contredire son théisme. Si Dieu est, je n'ai pas le droit de dire que l'idée que j'en ai n'est que subjective ou, si mon idée n'est que subjective, c'est que Dieu n'est pas. M. Sabatier a sans doute voulu dire que « Dieu nous est plus intérieur que notre intérieur », que c'est en nous, dans les profondeurs de notre âme que nous le trouvons. Mais quoique révélant sa présence dans le sujet, il n'est pas pour cela subjectif. C'est une grande imprudence que de se servir des termes d'une philosophie donnée en voulant changer leur sens. On s'entend soi-même sans doute, mais on risque fort de n'être pas entendu. La même préoccupation de suivre la philosophie kantienne a inspiré à M. Sabatier ses considérations sur la téléologie de l'idée de Dieu. Dieu n'a pas créé le monde pour le bien, son idée nous sert seulement à organiser nos pensées, c'est cette organisation que nous appelons le souverain bien. Dans cette conception tout égoïste, sommes-nous assez loin de l'idée chrétienne et de toute la tradition ? Ordonner ses pensées, faire tourner le monde autour de sa propre tête, réduire Dieu à être l'ordonnateur des représentations de son propre esprit, c'est à cela que l'on restreint le Christianisme ! Comment l'âme religieuse de M. Sabatier s'est-elle laissé séduire à ce jeu de dialectique auquel ne s'amusent déjà plus les philosophes dilettantes constructeurs de métaphysiques.

Tout ce dernier chapitre d'ailleurs est plein de contradictions et de chimères. La cause en est en la philosophie à laquelle M. Sabatier a voulu soumettre sa pensée et que sa pensée déborde de toutes parts. Il semble réduire son Dieu à n'être qu'une pure idée sans réalité, il a sur la finalité et le souverain bien des idées inacceptables, sur le symbolisme des formules qui sembleraient entraîner l'agnosticisme. Et cependant il veut dire : C'est en nous que nous trouvons Dieu, les fins qu'il poursuit, nous les ignorons, elles sont certainement bonnes, nous ne pouvons le connaître qu'en des figures et des symboles qui renferment néanmoins une part lointaine de vérité.

Et ainsi, sous cette forme, nous pouvons accepter ces propositions. Nous aussi, nous professons que le Dieu que nous adorons est un Dieu caché, *Deus absconditus;* la tradition des Pères que Bossuet a rappelée magnifiquement dans des chapitres inédits que *la Quinzaine* a publiés la première (1), proclame l'incompréhensibilité de

1. 15 octobre 1896. — *Second Traité sur les États d'oraisons,* manuscrit inédit de Bossuet publié par M. EUGÈNE LÉVESQUE, in-8°, DIDOT, 1897.

Dieu ; nous n'avons de lui, dit saint Thomas, qu'une connaissance par analogie. Nous professons que le mystère l'environne, et donc que notre connaissance, quand nous parlons de lui, est tout à fait inadéquate. Il y a dans la théologie catholique toute une part laissée à l'agnosticisme. Nous sommes bien loin de la renier et de temps en temps il est bon de la rappeler. Mais en même temps nous adhérons de toute la force de notre âme au discours de saint Paul à l'Aréopage et nous savons que la révélation évangélique a eu pour but de nous faire voir dans cet Inconnu le Créateur du monde et le Père de nos âmes.

C'est l'interprétation de ce discours qui a fait le fond de la théologie catholique. M. Sabatier, qui reconnaît dans toutes les grandes âmes une inspiration et dans tous les écrits religieux comme les bibles de l'humanité, reproche cependant au Catholicisme d'avoir fait entrer dans sa théologie la pensée des Aristote et des Platon. Et, bien que les théologiens catholiques n'aient jamais mis Aristote et Platon sur le même pied que la Bible, ils se sont aidés cependant de leurs idées et de leur philosophie, mais ni Aristote ni Platon n'ont fourni aux dogmes autre chose que des éléments puisés dans l'observation générale de la raison, et par conséquent que ce qui appartenait en commun à la race humaine. La prédication de l'Evangile a eu précisément pour but non pas de révéler aux mortels tous les mystères de l'essence divine, mais de leur donner de Dieu une connaissance qui leur permît de le servir et de l'aimer. C'est donc aller au rebours de l'Evangile que d'exagérer l'agnosticisme ou d'y tomber tout à fait. Saint Paul pourrait encore, presque dans les mêmes termes qu'aux Athéniens, s'adresser à nos agnotiques et M. Sabatier pourrait prendre pour lui plus d'un de ses enseignements.

VIII

COMMENT LA DOGMATIQUE DU CATHOLICISME EST EN HARMONIE AVEC LA VIE SOCIALE

Les simples ont sur ces mystères des lumières que n'ont pas les philosophes. Ils ne s'attardent pas à démêler le fond de vérité des symboles. Ils sentent Dieu présent, il l'aiment et cela suffit. Soutenus par le dogme, par les définitions claires, par les pratiques, des enfants, des femmes, des illettrés montent à des hauteurs religieuses où les philosophes n'atteignent pas. Et de pauvres âmes tombées y trouvent des forces pour se relever. A force de vouloir être une religion de l'esprit, le protestantisme a fini par oublier les deux conditions d'existence de l'être humain, sa condition corporelle et sa condition sociale.

M. Sabatier est très fier pour la descendance religieuse dont il relève d'être monté à ces hauteurs et il n'a que des paroles de critique pour ceux qui, comme les catholiques, n'exigent pas de la foi qu'elle soit entièrement explicite, qui pensent qu'une foi, fût-elle en beaucoup de points implicite, a encore une valeur religieuse. Aux yeux du catholicisme, en effet, le fidèle qui croit à l'Eglise et à ses enseignements parce qu'il croit d'abord en Dieu qui a donné l'autorité à l'Eglise, possède implicitement la foi aux enseignements de l'Eglise alors même qu'il n'est pas explicitement instruit du détail de ses enseignements.

M. Sabatier voit dans cette doctrine la raison profonde pour laquelle, selon lui, le Catholicisme ne s'aurait s'accorder avec la culture moderne et c'est en grande partie à l'établir qu'il a consacré sa conférence de Stockholm. Car ce qui, selon lui, caractérise la culture moderne, c'est l'*autonomie* de la pensée, c'est-à-dire la règle commune à Descartes, à Bacon, à Kant, de ne rien admettre pour obligatoire ou pour vrai que ce qu'admettent la raison ou la conscience. La science moderne exige que le savant n'accepte que les vérités dont il a personnellement la preuve, la morale moderne exige que l'homme n'accomplisse que les actes approuvés par sa conscience personnelle. Luther disait de même qu'il n'y avait d'acte religieux que celui qui était accompli par une conscience en vertu d'une conviction directe et personnelle. Le scientifique, le moral et le religieux de nos actions ne vont pas plus loin que les claires visions de nos âmes. Ainsi la Réforme se rencontre avec toute la culture moderne, elle revendique l'autonomié religieuse, comme Kant revendique l'autonomie morale et Descartes l'autonomie scientifique.

L'antiquité, au contraire, faisait appel à l'autorité et par conséquent soumettait la science, la morale, la religion, à une hétéronomie. En obéissant à l'autorité ou en la suivant, l'homme n'obéissait pas à ses propres lois, mais à une loi extérieure. Ainsi l'autorité de l'Église, par l'hétéronomie qu'elle imposait au fidèle, l'empêchait d'être religieux. En adhérant implicitement, sans les connaître dans le détail, aux doctrines de l'Église, le catholique fait un acte d'idolâtrie. Le Catholicisme, par l'hétéronomie qu'il professe et qu'il impose, est donc exclu de la culture moderne. C'est une forme dépassée et périmée de la religion, comme la physique d'Aristote est une forme dépassée et périmée de la physique.

Cependant M. Sabatier ne peut s'empêcher de remarquer que dans la piété, qui est le sentiment religieux par excellence, il y a quelque chose qui dépasse la conscience personnelle. Puisqu'il y a colloque de l'âme avec Dieu, il y a donc une réponse à notre parole et cette réponse ne peut cependant pas se confondre avec notre parole. N'y aurait-il pas là un retour à l'ancienne *hétéronomie* ? Non, répond M. Sabatier, ayant en l'Etre qui nous répond notre raison d'être, sa loi n'est pas extérieure à notre loi propre, la soumission à sa parole est une *théonomie*, une obéissance à Dieu ; or, une *théonomie* ne saurait jamais être une *hétéronomie*, car Dieu ne nous est pas étranger. « Il nous est plus intérieur que notre intérieur, sans cesse et à mille égards étranger à nous-mêmes. »

Et nous acceptons ces dernières considérations. Mais comment alors leur auteur ne voit-il pas que dans la parole que Dieu nous adresse intérieurement il y a deux choses à considérer : d'abord le phénomène tout subjectif par lequel nous entendons cette parole ; ensuite la valeur que nous lui attribuons ? Or, de ces deux éléments, l'un, le premier, est seul explicite et véritablement clair ; le second est mêlé d'ombres, de mystère, toujours sujet au doute et au besoin de contrôle. Nous nous décidons cependant et nous trouvons dans l'obéissance à cette parole une théonomie et non pas une hétéronomie, bien que nous nous décidions par des raisons dont la portée nous échappe en grande partie.

Et M. Sabatier reconnaît ailleurs que suivre

une autorité, même dans les sciences, pourvu que la valeur de cette autorité soit bien établie, ce n'est pas tomber dans l'hétéronomie, que c'est au contraire rester dans l'autonomie. Et je le crois bien ; car les savants admettent un grand nombre de vérités sans preuves directes, sur la foi de l'autorité. C'est que la science est œuvre sociale, que les savants aussi forment une église et qu'ils acceptent, par une foi implicite, les découvertes de leurs devanciers. Il n'y a pas entre la culture moderne et la science des anciens l'hiatus que l'on a cru voir. Dans la religion il en est tout à fait de même. La religion est à la fois chose individuelle et chose sociale. Etant individuelle, elle exige des mouvements individuels, des actes particuliers et explicites de l'âme ; étant sociale, elle prolonge le rayonnement et la portée de ses actes bien au-delà de l'être individuel qui les réalise, elle va, par la filiation individuelle, à la paternité universelle et par là à l'universelle fraternité, constituant ainsi une communion des vies et une cité des âmes. Comment dès lors n'y aurait-il pas dans ces actes quelque chose qui dépasse la clarté de la conscience individuelle ? Et sous quelle forme plus appropriée la conscience individuelle pourrait-elle se représenter la portée et la valeur de ces actes que sous la forme de l'organisme vivant et hiérarchique qui, avec sa tête, ses centres nerveux et ses membres, lui représente la cité sainte, la Jérusalem des cœurs ?

La question débattue entre le Protestantisme et le Catholicisme n'est pas la question de l'autonomie ou de l'hétéronomie, question beaucoup moins profonde qu'on ne le pense et beaucoup plus spécieuse qu'on ne le croit, c'est la question de savoir si la religion doit se borner à être indivi-

duelle ou si elle doit revêtir une forme véritablement sociale. Le Protestantisme ne voit la vie de
l'esprit qne dans l'individualisme religieux, et
M. Sabatier y ajoute même l'évolution, c'est-à-dire
que non seulement chaque conscience peut avoir
une croyance personnelle et différente de celle des
autres, mais que chaque conscience à chaque moment peut avoir une croyance qui diffère de celle
qu'elle avait auparavant, de celle qu'elle pourra
professer plus tard. Rien n'est fixe, tout est en
mue, la vérité est aussi diverse que les colorations
de la mer, du ciel ou de la forêt aux différentes
heures du jour. Ce n'est plus même l'individualisme, c'est le phénoménisme religieux, non seulement l'anarchie entre les consciences mais
l'anarchie dans une seule conscience. Je ne
m'étonne pas que les vrais théologiens du Protestantisme aient fini par s'en émouvoir. Nous
croyons au contraire que la vie véritable de l'esprit doit revêtir la forme sociale. Ce n'est pas
Kant, ainsi que le croit M. Sabatier, qui est le
légitime représentant de la culture moderne, c'est
bien plutôt cet Auguste Comte que dans sa conférence de Stockolm il a bien osé invoquer en faveur
du protestantisme. Or, chacun sait bien que Auguste Comte n'avait rien tant en horreur que l'esprit protestant. Il a partout et toujours soutenu
qu'il fallait reconstruire l'édifice social dont le Catholicisme avait admirablement dessiné le plan,
que l'individualiste Réforme avait sapé par la
base. Le Catholicisme avec son autorité et sa discipline, avec ses dogmes les plus antithétiques au
Protestantisme, la communion des saints, la soli-
darité mystique des âmes, s'est toujours donné
comme la forme sociale de la religion. Lui seul
permet à l'esprit d'atteindre, par un rayonnement

universel, à la plénitude de la vie : ses exigences, son autorité, n'interviennent que pour assurer la communion des consciences par leur participation à la vérité.

Ce n'est pas au moment même où l'individualisme se trouve partout condamné, où l'on sent de toutes parts, en vertu des progrès mêmes de la science et de la réflexion, que l'homme en tout et pour tout est un être essentiellement social, que le Catholicisme risque d'être mis en contradiction avec la culture moderne. La « culture moderne », c'est le progrès scientifique. Ce progrès est tout entier contraire à l'individualisme, à l'anarchie. Il met à sa base l'accord de la pensée avec elle-même, l'accord des pensées entre elles. Or, il n'y a pas de milieu, si l'on veut conserver la religion, il faut choisir entre ces deux formes : l'évangélisme individualiste, voire anarchique, de M. Sabatier qui va rejoindre celui de Tolstoï ; ou le Christianisme social, c'est-à-dire, pour qui va au fond et au vrai, le Catholicisme. A ceux qui voudraient nous soutenir que le premier est plus favorable que le second à la plénitude de la vie nous nous contenterions de demander quels sont donc parmi les vivants ceux qui apparaissent, d'après la science, comme supérieurs ? Le Catholicisme assure la plénitude de la vie religieuse parce que seul il lui fournit une ossature et une organisation. Il ne faudrait pourtant pas essayer de nous faire croire, sous prétexte d' « évolution », de « vie » et de « culture moderne », que le progrès se fait au rebours, que les plus amorphes ou les moins différenciés des êtres sont les plus vivants, et que les protozoaires, ou les bathybius (s'ils existent) ou les polypes, par exemple, sont plus élevés que l'homme sur l'échelle des vivants.

TABLE DES MATIERES

Imp. DESTENAY, Bussière frères. — St-Amand (Cher).